ullstein

Michael Buchinger

DER LETZTE MACHT DEN MUND ZU

Selbst-
gemachte
Gemeinheiten
und extrafrische
Bösartig-
keiten

Ullstein

Besuchen Sie uns im Internet:
www.ullstein-taschenbuch.de

Originalausgabe im Ullstein Taschenbuch
1. Auflage Juli 2017
2. Auflage 2017
© Ullstein Buchverlage GmbH, Berlin 2017
Umschlaggestaltung: zero-media.net, München
Titelabbildung: © Dominik Pichler
Satz: KompetenzCenter, Mönchengladbach
Gesetzt aus der Life LT
Druck und Bindearbeiten: CPI books GmbH, Leck
ISBN 978-3-548-37678-3

Inhalt

Vorwort

Liebe Leserinnen, liebe Leser!

Es freut mich sehr, dass ihr dieses Buch in euren Händen haltet. Es klingt wie ein Klischee, aber schon als Kind träumte ich am häufigsten davon, eines Tages ein Buch zu schreiben. (Mein zweithäufigster Traum, eine Liebesbeziehung mit Alf zu führen, ist bis zum heutigen Tag unerfüllt geblieben.)

Im Kindesalter war ich nicht sonderlich sozial und hatte, abgesehen vom Schreiben, keine Hobbys. Ich kann mir direkt vorstellen, wie meine Mutter mit anderen Müttern im Café gesessen und Erzählungen über abenteuerlustige Kinder gelauscht haben muss.

»Oh, mein Patrick ist ein ganz begeisterter Fußballspieler. Neulich war ich dabei, als er sein erstes Tor geschossen hat. Momente wie diese geben meinem Leben einen Sinn.«

»Meine Sarah spielt erst seit einem Jahr Blockflöte, aber vor kurzem durfte sie bei einem Konzert ihrer Musikschule ein Solo spielen. Ich saß im Publikum, und eine kleine Träne der Rührung kullerte an meiner rechten Wange hinunter. Ach, ich liebe meine Tochter.«

Vermutlich extrem eingeschüchtert saß meine Mutter dann da und kratzte sich an ihrer Schläfe, während sie sich panisch nach dem Notausgang umblickte.

»Michael isst sehr gerne«, gestand sie womöglich äußerst zögerlich, um irgendetwas beitragen zu können. »Er findet auch großen Gefallen am Schlafen. Einmal am Tag, meistens kurz nach dem Mittagessen, geht er groß auf die Toilette. Ich liebe mein Leben.«

Zum Glück hielt mir meine Mutter mein Desinteresse an außerschulischen Aktivitäten nie vor – im Gegensatz zu meinem Sportlehrer an der Grundschule. Wiederholte Male wollte er mich dazu überreden, einem Verein beizutreten, um ein bisschen »unter die Leute« zu kommen.

Ich sah ihn fassungslos an: Wusste er denn nicht, dass ich ein Problem mit sozialen Konventionen hatte? Ich besuchte doch bereits fünfmal die Woche den Schulunterricht; wie viel mehr »unter die Leute« sollte ich denn noch kommen?

Doch eines Tages, nachdem ich daran gescheitert war, bei einer besonders ausgelassenen Runde Völkerball Teamfähigkeit unter Beweis zu stellen (es kann sein, dass ich mitten im Spiel das Feld verlassen habe, um mein Pausenbrot zu verzehren), einigten wir uns darauf, dass ich zumindest die Schnupperstunde eines außerschulischen Sportkurses besuchen würde.

Mein Lehrer schlug mir Selbstverteidigung vor; ohne Zweifel deswegen, weil er bereits damals ahnte, dass ich eines Tages ein ausgezeichnetes Mobbingopfer abgeben würde.

Ich versuchte, das Beste aus meiner Misere zu machen. Da ich ein Fan von *Charmed* war – einer Serie um drei gegen das Böse kämpfende Hexenschwestern –, redete ich mir ein, dass dieser Kurs hilfreich sein würde, um Dämonen abzuwehren, sollten sie – wie so oft! – versuchen, mein kostbares *Buch der Schatten* zu entwenden.

Es mag wohl niemanden überraschen: Ich fand den Selbstverteidigungskurs absolut fürchterlich! Als der Kursleiter am Ende der Schnupperstunde verkündete, es werde nun »Merkball« gespielt, um uns gegenseitig besser kennenzulernen, verfiel ich in eine Schockstarre. Das Prinzip des Spiels ist simpel: Die Kinder schießen sich gegenseitig mit einem extrem harten Ball ab und müssen sich den Namen des Arschlochs, das sie getroffen und ihnen qualvolle Schmerzen zugefügt hat, merken.

Warum sollte man so etwas freiwillig tun? Doch niemand teilte meine Bedenken: Die anderen Kinder jubelten ähnlich laut, wie ich es sonst nur tat, wenn jemand »Das Buffet ist eröffnet!« verkündete. Anscheinend konnten sie es kaum erwarten, sich gegenseitig mit gefährlichen Wurfgeschossen abzuknallen. Folgerichtig verließ ich den Kurs umgehend. Pfeif auf Karate-Kicks und Faustschläge!, dachte ich mir. In Zukunft werde ich mich wohl mit bissigen Kommentaren, Augenrollen und jeder Menge Sarkasmus verteidigen müssen.

Genau das tue ich nun schon seit zwölf Jahren und bin sehr glücklich damit. Egal, ob ich Leute, die die Rolltreppenregel »Rechts stehen, links gehen« noch immer nicht begriffen haben, auf ihren Fehltritt hinweise, oder mich mit Hilfe einer bösen (aber durchaus wahren!) Bemerkung ähnlich geschickt wie MacGyver aus einer Notlage rette: Sarkasmus ist die beste Selbstverteidigung, und mein Leben ist schöner, seit ich gemein bin.

Vor ein paar Jahren habe ich meine Boshaftigkeit sogar zum Beruf gemacht: Monatlich veröffentliche ich auf meinem YouTube-Kanal eine sogenannte Hass-Liste und spreche über Dinge, die ich leidenschaftlich verachte. Sehr zu meiner Überraschung erfreut sich mein Hass großer Beliebtheit. Meckern verbindet nun mal und hilft den Menschen, einander besser kennenzulernen – und das ganz, ohne einander mit Bällen abzuknallen!

Das war ja eine ganz nette Anekdote, aber »Hass«, Michael? Ist das nicht ein ziemlich starkes Wort?, fragt ihr euch an dieser Stelle vielleicht schockiert, eine Hand auf die Perlenkette gelegt. Das stimmt natürlich, aber das Gleiche gilt auch für das Wort »Liebe«, das meiner Meinung nach noch viel freizügiger verwendet wird.

Die Leute *lieben* Schauspieler, Kosmetikprodukte, exotische Obstsorten und wohlriechende Duftkerzen. Meine Freundin Sandra sagt, sie *liebt* ihren neuen Toaster, dennoch hat sie nicht vor, mit ihm einen romantischen Roadtrip durch die Toskana zu unternehmen – weil sie das mit dem Lieben natürlich nicht so ernst meint.

Genauso ist es mit mir und dem Hassen: Natürlich *hasse* ich keine schreienden Kinder, Hustenanfälle in der U-Bahn oder Menschen, die nicht wissen, wie Rolltreppen funktionieren. Ich verachte sie abgrundtief und wünschte, sie würden nicht existieren, aber ich hasse sie nicht.

Wie dem auch sei! Die Geschichten in diesem Buch kreisen allesamt um Dinge und Situationen, die ich fürchterlich anstrengend und falsch finde. Von Ernährungstrends über Spontaneität und One-Night-Stands bis hin zu schlechten Manieren und Gender-Normen gibt es kaum ein Thema, das ich unberührt lasse. Zwischendurch habe ich es mir nicht nehmen lassen, zusätzlich Listen von Dingen anzufertigen, die ich absolut fürchterlich finde – so, wie es meine treuen Zuschauer von mir gewohnt sind!

Am Ende jedes Kapitels findet ihr zudem »Buchingers Goldene Regeln«, DOs & DON'Ts, die die Lektionen der Geschichten kurz zusammenfassen und als gut gemeinter Wegweiser für die Tücken des Alltags dienen, damit wir alle so leben können, wie ich es befehle!

Ich wünsche euch viel Spaß beim Lesen,
euer Michael

Ehrlich nervt am längsten

Ehrlichkeit wird überbewertet. Dennoch hören wir ständig von allen Seiten, wie wichtig es sei, all unseren Mitmenschen immer nur die Wahrheit zu erzählen, und dass uns sofort der Blitz treffen werde, wenn wir auch nur einmal lügen. Ehrlich währt am längsten, sagt man, doch das halte ich – welch Ironie! – für eine fette Lüge. Wer das glaubt, weiß einfach nicht, wie man richtig lügt. Aber keine Sorge: Ich bin hier, um es euch beizubringen.

Ich habe eine Freundin namens Claudia, die immer ehrlich ist, und es bringt ihr – surprise, surprise! – nichts als Ärger. Erst letztens traf ich sie zum Weintrinken in einer Bar, wo sie mir ihre aktuellen Beziehungsprobleme schilderte.

»Ich hatte einen Sextraum mit einem anderen Mann«, berichtete sie vorsichtig, »und bekam so ein schlechtes Gewissen, dass ich meinem Freund davon erzählt habe. Jetzt ist er sauer auf mich.« Sie betonte den letzten Satz so, als hätte sie absolut keinen blassen Schimmer, was sie falsch gemacht hatte. Die Antwort lautet: alles.

Instinktiv verdrehte ich die Augen und nahm einen viel zu großen Schluck von meinem Sauvignon Blanc, bevor ich meinen ungefragten Rat darbot. »Schau, Claudia: Wenn du *tatsächlich* mit einem anderen Mann Sex hattest, solltest du es deinem Freund vermutlich sagen. Aber wenn du nur davon *träumst*, machst du dir durch ein Geständnis nur überflüssige Probleme. Ich habe neulich geträumt, dass ich meinen Freund küsse und er sich in Miss Piggy von den Muppets verwandelt! Erzähle ich ihm davon? NEIN! Weil es unwichtig ist«, sagte ich.

Claudia warf mir einen Blick zu, der sagte: Such dringend einen Therapeuten auf.

»Träume sind Schäume!«, setzte ich viel zu laut nach und leerte mein Weinglas.

Warum sollten wir unseren Mitmenschen jeden einzelnen Gedanken unterbreiten, den wir haben? Ich verstehe, dass es wichtig ist, offen über grundlegende Dinge zu kommunizieren; trotzdem ist es mir lieber, wenn du deine ehrliche Meinung zu meinem neuen bauchfreien Top für Männer für dich behältst und ich meinerseits weiterhin so tun darf, als würde ich deine Poetry-Slam-Gedichte ganz toll finden.

Ihr merkt: Ich bin der festen Überzeugung, dass gezieltes Lügen der Schlüssel für gut funktionierende Beziehungen ist. So wurde es mir schon im Kindesalter vermittelt. Damals verbrachte ich viel Zeit in der Obhut meiner älteren Schwester, die wiederum das Gros ihrer Aufmerksamkeit gerne den zwei Dingen widmete, die in unserem Elternhaus strikt verboten waren: Jungs und Zigaretten (das sollten später auch meine größten Steckenpferde werden!).

Als ein Kind, das schon ein schlechtes Gewissen bekam, wenn es mal ohne Zähneputzen zu Bett ging, schob ich während der verbotenen Aktionen meiner Schwester schnell Panik und lief aufgebracht im Wohnzimmer umher, während ich vollkommen aufgelöst stammelte: »... aber es ist nicht erlaubt ... Bestrafung ... möge Gott uns gnädig sein!«

Denn was, wenn Mama herausfand, dass Schulfreunde meiner Schwester unerlaubterweise zu Besuch gewesen waren und sogar *Straßenschuhe im Wohnzimmer* getragen hatten? Ich wollte es mir gar nicht ausmalen!

Doch meine Schwester wusste mich zu beruhigen. »Michi«, sagte sie und legte ihre Hand auf meine Schulter. »Was sie nicht weiß, macht sie nicht heiß!«

In diesem Moment war es, als würde sich mir eines der großen Geheimnisse des Lebens offenbaren. Ich fühlte mich wie manche Menschen sich wohl fühlen, wenn sie in einem Clickbait-Artikel erfahren, dass sie ihr Leben lang Bananen falsch geschält haben.

»Was sie nicht weiß, macht sie nicht heiß!«, wiederholte ich selbstsicher.

Plötzlich ergab alles Sinn: Ich ließ es beim Abendessen gänzlich unerwähnt, dass die halbe Klasse meiner Schwester zu Besuch gewesen war, und sie wiederum drückte ein Auge zu, wenn ich mich nachts aus dem Bett schlich, um im Wohnzimmer heimlich *Golden Girls* zu schauen.

Die Person, die ich seitdem am routiniertesten anlüge, ist und bleibt meine Mutter. Wenn es eine Buchinger-Familientradition gibt, dann diese. Meine Mutter ist eine sehr nette, aber stets um das Wohlergehen anderer besorgte Frau. Nicht selten schlug sie mir in meiner Kindheit vor, bei relativ harmlosen Aktivitäten wie Trampolinspringen oder einem Spaziergang im Wald (wo Äste aus mehreren Metern Höhe auf mich zurasen konnten!) einen Helm zu tragen, »um auf Nummer sicher zu gehen«.

Zwar wusste ich es sehr zu schätzen, dass meine Mutter sich dermaßen um mich sorgte, doch hatte ich ob meiner Vorliebe für die *Golden Girls* ohnehin bereits die Befürchtung, ewig Single zu bleiben. Es würde sicherlich nicht helfen, auf der Geburtstagsparty meines Kumpels Tim meinen Helm auszupacken, bevor ich zu den anderen auf das Trampolin stieg.

Man möchte meinen, dass meine Mutter heute, da ich ein erwachsener Mann bin, der schon sehr oft ganz allein und ohne Helm unfallfrei im Wald spazieren war, ein bisschen gelassener wäre, doch man würde falsch liegen. Erzähle ich ihr etwa, dass ich mit meinem Freund einen Roadtrip ans andere Ende von Österreich unternehme, wirft sie ihr Gesicht in besorgte Falten, als hätte ich ihr gerade eröffnet, dass ich zum Abendessen mit Hannibal Lecter verabredet bin. Der Grund: Meine Mutter denkt, dass ich ein fürchterlicher Autofahrer bin, obwohl ich noch nie jemanden überfahren habe. Anschließend folgt eine Liste an abstrusen Vorschlägen. Zum Beispiel regt sie an, ich könne doch stattdessen mit Zug, Bus und Taxi an mein Reiseziel gelangen. Es würde zwar elf statt vier Stunden dauern, wäre aber um einiges »abenteuerlicher«.

Oder aber sie könne mich mit dem Auto an mein Ziel fahren. Wenn ich wieder nach Hause möchte, solle ich mich melden und sie würde mich abholen. Wer braucht Uber, wenn man Mama hat?

Sollte ich doch selbst mit dem Auto fahren wollen, bot sie schließlich an, solle ich auf jeden Fall vorher weitere Fahrstunden nehmen, um meine Kenntnisse aufzufrischen. Bestimmt hätte sie mir auch noch gerne dazu geraten, während der gesamten Autofahrt einen Helm zu tragen.

Was sie nicht weiß, macht sie nicht heiß, das sage ich heute wie damals und schwöre meiner Mutter, mir ihre Vorschläge durch den Kopf gehen zu lassen. Dann fahre ich mit dem Auto quer durch Österreich und zwinge meinen Freund, für mich zu lügen. »Wenn meine Mutter anruft, musst du so tun, als wären wir im Zug! Frag vielleicht mit verstellter Stimme nach meiner Fahrkarte, während ich mit ihr telefoniere!« Im Handumdrehen ist auch er im Netz meiner Lügen gefangen.

Natürlich lüge ich nicht, weil es mir so viel Spaß macht, sondern weil ich weiß, dass Menschen wie meine Mutter leichter durch den Alltag gehen, wenn sie nicht immer die ganze Wahrheit über alle Details meines Lebens wissen.

Ich halte Ehrlichkeit für vollkommen optional. Genauso wenig, wie ich möchte, dass meine Nachbarn wissen, dass »der Waschbär, der ständig den Müllplatz verwüstet«, all die Jahre lang ich war, ist es mir auch relativ egal, wenn jemand eine halbe Stunde lang um den heißen Brei herum redet, nur um mir schließlich zu gestehen, dass er das Buch, das ich ihm vor einem Jahr geliehen hatte, im Zug liegen gelassen hat. Mehr als die Tatsache, dass mein Freund wenig gewissenhaft mit den Leihgaben anderer umgeht, regt mich in diesem Fall auf, dass er meine Zeit verschwendet, indem er mir solche 08/15-Geständnisse macht. Ich hatte mich auf eine spannende Geschichte über eine Affäre mit meinem Exfreund oder dem Geständnis, dass er es ist, der ständig all diese negativen Kommentare unter meinen YouTube-Videos hinterlässt, gefreut. Und nun erfahre ich, dass meine Ausgabe von *Feuchtgebiete* wahrscheinlich bereits die Grenze nach Ungarn überquert hat.

Newsflash: Wenn du es mir nicht erzählt hättest, hätte ich es vermutlich nie bemerkt und wir hätten uns dieses ziemlich unangenehme Rendezvous sparen können, an dessen Ende ich dich übrigens dazu zwingen werde, meine Rechnung zu bezahlen, als Wiedergutmachung für die Zeit, die ich genauso gut zu Hause bei einer Partie Online-Scrabble hätte vergeuden können.

Hier ist ein grandioser Tipp für euch: Wenn ihr nicht sicher seid, ob ihr in einer Situation die Wahrheit sagen sollt oder nicht, fragt euch: Würde ich mir und meinem Gegenüber Zeit und Ärger ersparen, wenn ich lüge? Ja? Super! Fragt euch außerdem: Wird die Sache, deretwegen ich lüge, in einem Jahr noch wichtig sein? Nein? Prima: Ihr dürft lügen, was das Zeug hält. Bitte betrachtet dieses Kapitel als schriftliche Erlaubnis.

Da manche Lügen tatsächlich sehr kurze Beine haben,

muss man sie – wenn man wie ich ist – mit weiteren Lügen vertuschen. Oft merkt man nicht, dass sich eine kleine Lüge, die man mal eben so erzählt, unheimlich in die Länge ziehen kann. Vor einigen Jahren kam es zum Beispiel zu einem Zwischenfall mit einem meiner Nachbarn, aufgrund dessen ich mich nun in einem langjährigen Lügenprojekt gefangen finde, obwohl die Situation eigentlich relativ harmlos begonnen hatte.

An einem besonders sonnigen Morgen kurz nach dem Umzug in meine neue Wohnung wurde ich unsanft von lautem Geschrei aus meinem Schlaf geweckt. Durch mein geöffnetes Fenster hörte ich, wie einer meiner Nachbarn im Innenhof laut mit einer Person schimpfte, die sich bei vorsichtiger Inspektion (soll heißen: ich beugte mich so weit aus meinem Fenster, dass ich beinahe in den Tod gestürzt wäre) als Bauarbeiter entpuppte.

Dabei bediente er sich einer Wortwahl, die selbst meine rassistische Tante kopfschüttelnd als »unerhört« bezeichnen würde. Da ich nicht viel von Rassismus halte, geschweige denn in voller Lautstärke um sieben Uhr morgens, wenn Michi seinen Schönheitsschlaf braucht, öffnete ich mein Fenster einen Spalt und ließ meinen Nachbarn auf wenig charmante Art und mit besonders bunter Ausdrucksweise wissen, dass er doch bitte ruhig sein solle.

Diese selbstlose Tat lässt mich bestimmt wie einen noblen Gerechtigkeitskämpfer wirken, was auch genau der Imagewandel ist, den ich dringend nötig habe. Leider hatte ich nicht bedacht, dass meine Nachbarn, die allesamt wohlhabende Rentner und somit ständig zu Hause sind, an diesem Morgen ebenfalls Zeugen meiner lauten Stimme und derben Wortwahl geworden waren. Dies dämmerte mir erst, als ich kurz darauf meine Wohnung verließ und von einer Nachbarin, mit der ich noch nie zuvor ein Wort gewechselt hatte, im Aufzug angesprochen wurde. »Haben Sie vorhin auch gehört, wie jemand Sauereien aus dem Fenster gebrüllt hat?«, wollte die Dame aus dem zweiten Stock wissen.

Kurz spielte ich mit dem Gedanken, ihr die ganze Geschichte zu erklären und mich als frühmorgendlicher Rächer zu erkennen zu geben. Doch dann fiel mir mein Mantra ein: Was sie nicht weiß, macht sie nicht heiß! Ich erspare uns beiden also sehr viel Zeit, indem ich auf eine harmlose Notlüge zurückgriff.

»Nein, habe ich nicht!«, entgegnete ich in einer Stimmlage, die etwa zwei Oktaven höher war als gewöhnlich. Da meine Beschimpfungen erst wenige Minuten zuvor den gesamten Innenhof erhellt hatten, schien mir dieser Move notwendig, um nicht enttarnt zu werden. Es war eine meiner besseren Lügen. Die gesamte Aufzugfahrt übte ich mich im Small Talk in meiner Mickey-Maus-Imitation und kam mir dabei ziemlich clever vor.

Doch mein Triumph verlor an Glanz, als ich meine Nachbarin schon zwei Tage später erneut im Flur traf. Da dämmerte mir, dass ich einen Fehler begangen hatte. Seitdem sehe ich mich gezwungen, bei jedem unserer Treffen meine helle Stimme zu benutzen. Das macht mich absolut wahnsinnig und führt zu shakespearehaften Verwechslungsszenarien, wenn ich diese Nachbarin in Begleitung von Personen, die meine echte Stimme kennen, antreffe. Zurzeit bin ich dabei, einen Stimmbruch vorzutäuschen.

Ihr seht, manche Lügen sind aufwendiger als andere. Manchmal reicht es, einer Person ein unwichtiges Detail zu verschweigen, um beiden Parteien Ärger und schlaflose Nächte zu ersparen. In anderen Fällen sind es scheinbar kleine Lügen, die sich am Ende länger hinziehen als so mancher Martin-Scorsese-Filmmarathon.

Ja, Lügen mag eine Sünde sein, und seit frühester Kindheit wird uns eingeredet, es tunlichst zu vermeiden. Aber übertriebene Ehrlichkeit ist absolut unnötig und verbraucht zu viel Energie. Uns allen könnte es so viel besser gehen, wenn wir gewisse Dinge verschweigen und ein bisschen mehr lügen würden. Glaubt mir, das ist die Wahrheit.

Buchingers Goldene Regeln

Ehrlich nervt am längsten Wer hat Zeit, ständig nur die Wahrheit zu hören? Praktiziere daher die Technik, die ich liebevoll als »selektive Ehrlichkeit« bezeichne (andere nennen es »Lügen«), und erspare uns allen ein bisschen Zeit und Stress.

Bitte deine Freunde um Hilfe Ähnlich wie der Geschlechtsakt wird eine gute Lüge erst dann so richtig spannend, wenn mehr als zwei Leute involviert sind.

Lüge mit voller Hingabe Eine kleine Notlüge kann zu einem jahrelangen Lügenprojekt ausarten. Führe ein Lügentagebuch, um nicht zu vergessen, wo du dein Lügennetz überall gesponnen hast.

Das Coming-out:
wichtig, aber fürchterlich anstrengend

Ich finde es sehr nervig, welch besonderes Augenmerk in den Medien auf Sexualität gelegt wird. Ist eine Person des öffentlichen Lebens etwas anderes als heterosexuell, wird immer ein Weg gefunden, diesen FunFact irgendwie unterzubringen, als handle es sich dabei um einen sechsten Zeh. Wenn ich noch einmal lesen muss, dass »der schwule Popstar Ricky Martin« ein Konzert in meiner Stadt geben wird, verdrehe ich meine Augen im stürmischen Rhythmus von »Livin' La Vida Loca«.

Ab und an passiert es auch mir, dass Leute meine Sexualität zwanghaft hervorheben. Das erste Mal berichtete ein Magazin über mich im Jahr 2010. Es handelte sich um ein Finanz-Magazin, was besonders ironisch ist, da ich für meine finanzielle Unbeholfenheit bekannt bin und heruntergefallene Münzen gerne mit den Worten »Ist es kein Schein, lass es sein!« liegen lasse.

Wie dem auch sei: Ich war in Ekstase, als ich erfuhr, dass jemand über mich geschrieben hatte, doch meine Freude verblasste schon bald, als ich sah, dass man mich als »der bekennend homosexuelle YouTuber« bezeichnete, so als wäre es mein einziges Alleinstellungsmerkmal.

»Der bekennend exzentrische YouTuber«, »der bekennend alkoholabhängige YouTuber«, ja, von mir aus sogar »der bekennend in der Damenabteilung einkaufende YouTuber« wäre mir lieber gewesen als diese für den Artikel völlig irrelevante Beschreibung meiner Person.

Ich denke wirklich nicht, dass jener bekennend heterosexuelle Journalist (seht ihr, wie bescheuert das klingt!) böse Absichten hatte, aber irgendwie ging mir dieser Seitenhieb schon damals gehörig auf die Nerven.

Mir persönlich ist es relativ egal, welche sexuelle Orientierung eine Person hat, und das liegt zur Abwechslung mal nicht daran, dass ich mich ausschließlich für mich selbst interessiere. Dennoch scheint es eine unersättliche Neugier gegenüber Homosexualität zu geben. »Ja, ich bin schwul!«, verkünden Stars gerne mal, und YouTuber machen 20-minütige Videos, in denen sie tränenreich und untermalt mit dramatischer Musik von ihrer Homosexualität berichten, als stünden sie damit ganz allein.

Dabei stört mich vor allem, dass implizit kommuniziert wird, dass es absolut *verrückt* ist, nicht heterosexuell zu sein, weswegen man es am besten im großen Stil enthüllen sollte. Als Jugendlicher in einer ländlichen Region, in der es in etwa so viele Schwule wie Verkehrsampeln gab (zwei), fühlte ich mich äußerst unter Druck gesetzt. Musste ich einen Zeppelin mit der Aufschrift »Ich bin schwul!« mieten, um der Sonderbarkeit meiner sexuellen Orientierung gerecht zu werden?

Versteht mich nicht falsch: All diese rührenden Coming-out-Storys, die mir sorgfältiger geplant scheinen als so manche Eröffnungszeremonie bei den Olympischen Spielen, lassen natürlich auch mich nicht völlig kalt. Ich verstehe, warum es den Menschen wichtig ist, sich zu outen, und das kann man natürlich handhaben, wie man möchte. Im Endeffekt entschied ich mich jedoch für ein Coming-out, das in etwa so spektakulär war wie eine geführte Tour durch ein Briefmarkenmuseum.

»Ich bin schwul!«, sagte ich im Alter von 15 Jahren meiner Mutter, als sie gerade bedrohlich schnell auf die Autobahn fuhr. Okay, vielleicht hatte ich nicht den *idealsten* Moment gewählt, um diese Bombe platzen zu lassen, aber es fühlte sich in dem Moment richtig an.

Einige stille Momente vergingen.

»Oh«, entgegnete meine Mutter dann interessiert, »ich dachte, du stehst auf Mädchen.«

Ich hoffte, dass sie keine Karriere als Privatdetektivin anstrebte, denn ihre Auffassungsgabe ließ zu wünschen übrig.

»Nein, ich bin schwul!«, klärte ich erneut auf.

Sie vergewisserte mir wortreich, dass das kein Problem sei, und ich wiederum zeigte mich äußerst erleichtert; es hätte auch bitter enden können, seiner Mutter seine Sexualität zu offenbaren, während diese bei 130 Stundenkilometern versucht, einen ungarischen Gurkenlaster zu überholen.

Zwei Monate vergingen, bevor ich mich auch meinem Vater gegenüber outete, der ebenfalls überrascht (warum eigentlich? Hatten sie alle diesen Sonntagnachmittag vergessen, an dem ich mich als sechstes Spice Girl – »Michi Spice« – verkleidete und meinen Vater zwang, meine Performance mit dem Camcorder für die Nachwelt festzuhalten?), aber ähnlich aufgeschlossen war wie meine Mutter.

Natürlich: Beliebte Floskeln wie »Aber das ist doch sicher nur eine Phase!« und »Das richtige Mädchen wird schon noch kommen!« hörte ich so häufig, dass ich beim »Coming-out-Bingo« als klarer Sieger hervorgegangen wäre, aber abgesehen davon verlief mein Outing gänzlich undramatisch.

Gerne würde ich behaupten, dass ich in den folgenden Wochen und Monaten in einer äußerst emotionalen und tränenreichen »Stating the obvious«-Tour all meine Freunde und Verwandten besuchte und ihnen diese sensationelle Neuigkeit verkündete, wie die Medienwelt es mir beigebracht hatte, aber nein: Schon als Kind war ich bekannt dafür, nur drei Sticker in mein Sticker-Album zu kleben und dann das Handtuch zu werfen. Ich hatte nun zwei Outings hinter mir, und das reichte in meinen Augen vollkommen.

Die Wahrheit ist: Ich hasse solche Situationen. Ich finde es fürchterlich, einer Person explizit zu erklären, dass ich nicht auf Frauen, sondern auf Männer (huch!) stehe, weil solch eine Offenbarung impliziert, dass meine Orientierung nicht nur abnormal, sondern auch so sensationell ist, dass ich mich mit meinen Freunden zum Brunch treffen muss, um ihnen meine Homosexualität so genau zu erklären, als wäre sie eine abstrakte, noch nie zuvor dagewesene Form der Interaktion, welche Wissenschaftler erst vor kurzem auf einem fremden Planeten entdeckt haben. Es ist nicht so besonders, wird aber in den Augen der Allgemeinheit immer sonderbar bleiben, wenn wir so ein Riesenspektakel daraus machen!

So beschloss ich, dem Rest meiner Mitmenschen einfach auf subtile Weise einen Wink mit dem Zaunpfahl zu geben, indem ich Sätze einleitete mit »Also ich als schwuler Mann muss sagen …« oder Liebesbriefe an Zac Efron schrieb (welche, wie ich euch leider sagen muss, bis zum heutigen Tag unbeantwortet geblieben sind). Die meisten von ihnen wussten es ohnehin, waren aber zu höflich, um etwas zu sagen.

Aber Michael, denkt ihr euch jetzt vielleicht, während ihr nach der Rechnung für dieses Buch sucht, damit ihr es umtauschen könnt, dafür, dass du keine große Sache daraus machen willst, erwähnst du schon auffällig oft, dass du schwul bist, und schreibst jetzt auch noch ein ellenlanges Kapitel darüber! Verwirrend, verwirrend. Bitte entscheide dich endlich: Soll man nun seine sexuelle Orientierung erwähnen oder nicht?

Natürlich sollte man, wenn man das will, seine sexuelle Orientierung thematisieren. Im Rahmen meines Coming-outs erwähnten meine Eltern auch, dass Sexualität Privatsache ist und es ja grundsätzlich niemanden etwas angeht, mit wem ich verkehre. Das ist meiner Meinung nach aber kompletter Humbug, da es ja nicht so ist, dass die sexuelle Orientierung nur das Schlafzimmer betrifft. Gehe ich etwa mit meinem Freund im Park spazieren und treffe auf einen Studienkollegen, möchte ich nicht sagen: »Oh, hallo, lieber Studienkollege! Das ist mein Kumpel Dominik, wir unternehmen einen Spaziergang durch den Park, aber sei dir sicher: Dieser Spaziergang ist *nicht* romantischer Natur. Nein, nein, nein! Wir sind nur im Park, weil wir hoffen, hier ein paar reizvolle Damen zu finden, die zu Liebe und Lust bereit sind!«

Natürlich gehe ich daher offen mit meiner Orientierung um und rede darüber, und zwar in einer Art und Weise, die den Leuten vermittelt, dass sie mich nicht mit ihrer Schwester verkuppeln sollen, und die dabei hoffentlich dennoch unspektakulär und entspannt ist. Meine Sexualität geheim zu halten, klingt wie ein absoluter Alptraum und das nicht nur, weil ich Geheimnisse spätestens nach dem zweiten Glas Wein generell immer ausplaudere.

Ja, ich finde, dass es wichtig ist, offen über Sexualität zu reden – nicht nur für einen selbst, sondern auch für andere. Bis wir den Tag erreicht haben, an dem die Leute nicht mehr davon ausgehen, dass absolut jeder heterosexuell ist, sollten wir alles, was davon abweicht, in passenden Situationen ein bisschen stärker betonen, um ein Bewusstsein dafür zu schaffen. Ich persönlich würde dafür jedoch keinen Zeppelin mieten.

Und vielleicht kommt auch irgendwann der Tag, an dem ich in Situationen, für die das völlig irrelevant ist, nicht mehr »der bekennend schwule YouTuber« bin und Ricky Martin nicht mehr »der schwule Popstar« ist, sondern die Gesellschaft uns endlich als das akzeptieren kann, was wir wirklich sind: extrem gutaussehend.

Buchingers Goldene Regeln

Keine Schublade, bitte Ich finde es immer ein bisschen suspekt, wenn Leute jemanden als ihren »schwulen besten Freund« vorstellen. Genauso sinnbefreit wäre es, wenn ich anfange, meine Mitmenschen als »meine schielende Freundin Babsi« oder »den afroamerikanischen Anton« vorzustellen. Wenn überhaupt, sollte man diese Attribute anderer nur hervorheben, wenn es gerade für das Gespräch relevant ist.

Sei bereit Eigentlich hatte ich mir vorgenommen, mit meinem Coming-out zu warten, bis ich in einer festen Beziehung war. Doch dann warf ich einen Blick in den Spiegel, dachte mir, das könnte noch ein bisschen dauern, und beschloss, mich sofort zu outen. Rückblickend betrachtet, sehe ich ein, dass ich vielleicht noch nicht ganz bereit für diesen Schritt war, und verstehe, dass »Ich bin 15, habe keinerlei sexuelle Erfahrungen und bin schwul. Akzeptiert mich!!!« für viele eine verwirrende Aussage sein kann.

Akzeptanz braucht Zeit Da ich persönlich 15 Jahre gebraucht habe, um zu realisieren und zu akzeptieren, dass ich schwul bin, konnte ich von meinen Mitmenschen auch nicht erwarten, dass sie in der Sekunde meiner Offenbarung sofort jubeln und gemeinsam mit mir den Song »I Am What I Am« anstimmen würden. Diese Dinge brauchen Zeit.

Die vergessene Kunst des Schlussmachens

Obwohl ich eine unheimlich dreiste Person bin, die nicht davor zurückschreckt, ein Gericht im Restaurant zurückgehen zu lassen, wenn der Teller nicht voll genug ist, tue ich mich manchmal sehr schwer, meine Meinung zu sagen. Zum Beispiel gegenüber Freunden. Funktioniert eine Liebesbeziehung nach einiger Zeit nicht mehr, so ist es ratsam, den Partner darauf anzusprechen und sich, sollte man keine Lösung finden, zu trennen. Das ist, wie ich finde, auch bei vielen Freundschaften notwendig. Leider ist diese Praktik aber nicht wirklich weit verbreitet und lässt einen allerhöchstens wie eine extrem dramatische Person wirken, bei der es sich nur noch um Monate handeln kann, bis sie allein weinend den Jakobsweg geht, um sich selbst zu finden.

Dabei passiert es in Freundschaften sehr viel häufiger und schneller als in Liebesbeziehungen, dass man sich schlichtweg auseinanderlebt und eines Tages nicht mehr viel gemeinsam hat, außer die Erinnerungen an eine Zeit, in der man nicht nach jeder Äußerung des anderen genervt die Augen verdrehen wollte. Doch man trifft sich weiterhin und verschwendet somit die kostbare Zeit aller Anwesenden, um etwas nachzujagen, was einfach nicht mehr da ist. Schlechte Freundschaften sollten demnach beendet werden, bevor es zu spät ist.

Ich möchte euch an dieser Stelle die Geschichte einer gescheiterten Freundschaft erzählen, die ich viel zu lange aufrechterhalten habe und welche ein nicht nur sehr unschönes, sondern auch ziemlich unhygienisches Ende fand.

So erschieße mich doch endlich jemand!, dachte ich mir, während ich Bianca in einem fürchterlichen Café gegenübersaß. Natürlich hatte sie das Café ausgesucht, so ziemlich alles wurde von ihr bestimmt – letztendlich auch die Tatsache, dass wir überhaupt befreundet waren. Seit zwei Stunden tat ich nun so, als würde ich ihrem endlosen Redeschwall zuhören, und allmählich gingen mir die konzentrierten Gesichtsausdrücke aus.

Ich bin selbst schuld, liebe Leser, denn auf anstrengende Menschen wirke ich wie ein Magnet. Fragt mich eine neue Bekanntschaft, ob ich an ihrer »verrückten Kostümparty« teilnehmen möchte, erkläre ich nicht etwa, dass sich das für mich in etwa so aufregend anhört wie ein Tête-à-Tête mit Reinhold Messner und das einzige Kostüm, das ich gerne trage, das des »Misanthropen, der den ganzen Wein austrinkt« ist, sondern willige ein, um die Gefühle meines Gegenübers nicht zu verletzen.

»Wenn du nicht verkleidet kommst, lasse ich dich nicht rein!«, sagen sie dann gerne keck, als wäre das ein Argument. Perfekt, zwei Fliegen mit einer Klatsche!, würde ich sagen, wenn ich ein bisschen direkter wäre, kein Kostüm und keine Party.

Michael, so eine Kostümparty kann nicht schaden! Du kannst nicht vorschnell über die Leute urteilen!, versuche ich mir stattdessen, naiv wie ich bin, einzureden. Nur weil eine Person im ersten Moment etwas anstrengend wirkt und nicht nur einen, sondern gleich *mehrere* Zehenringe trägt, heißt das nicht, dass sie auch tatsächlich anstrengend ist.

Doch natürlich ist das Humbug. Wenn eine fremde Person bereits nach zwei Minuten von ihrer Vorliebe für Brettspiele erzählt, stehen die Chancen gut, dass sie *fürchterlich* anstrengend ist. Außer, diese Person bin ich: Dann hatte ich wahrscheinlich nur einen schlechten Tag und bin in Wahrheit absolut fantastisch! Merk dir das, lieber Leser.

Vermutlich bin ich einfach zu nett, dachte ich mir schließlich, während sich Biancas Mund immer noch in einer Geschwindigkeit bewegte, die ich rückblickend als galaktisch bezeichnen würde. Ich hatte es nicht über das Herz gebracht, ihre Café-Einladung höflich abzulehnen und bereute es mit jeder Sekunde mehr. Aber was will man machen? Ich wurde nun mal gut erzogen: Wenn ich Menschen begegne, bin ich immer nett – die gemeinen Dinge schreibe ich lieber auf.

Dabei hatte doch alles so harmlos angefangen. Bianca und ich hatten uns vor einigen Jahren betrunken in einem Club kennengelernt, als wir beide an der Bar auf unsere Getränke warteten und sie mich für mein *High School*

Musical-T-Shirt lobte (es war 2009, okay?). Jeder, der *High School Musical* liebte, war meiner Meinung nach ein astreiner Mensch. Keine 15 Minuten später torkelte ich bereits Arm in Arm mit meiner neuen Freundin auf der Tanzfläche umher und tätigte in unregelmäßigen Abständen viel zu laute Ausrufe der Sorte »Oh Bianca, du bist ja eine echte *Rakete*!«. Ich weiß nicht mehr viel von diesem Abend, aber ich kann mich erinnern, dass ich meine Kumpanin am Ende lallend zum »witzigsten Menschen der Welt!!!« erklärte. Prompt tauschten wir Nummern aus und versprachen, uns bald tagsüber zu treffen.

Betrunken Freundschaften zu schließen ist wie betrunken zu den Hits von ABBA zu tanzen: Mit Gusto schwingt man sein Tanzbein zu jedem Song, den die Playlist zu bieten hat, und fühlt sich dabei, als wäre man Gast auf einer Party in diesem verrückten Hotel aus *Dirty Dancing*. Doch am nächsten Morgen wacht man auf und hat unzählige SMS und Sprachnachrichten auf seinem Handy. »Was war gestern bloß los mit dir?«, fragen einen die engsten Freunde. »Du hast getanzt, als würde jemand auf deine Füße schießen, und hast alle Leute dazu gezwungen, dich ›Baby‹ zu nennen. Geht es dir gut?«

Ähnlich, wie sich Alkohol auf meine Selbstwahrnehmung auswirkt, muss er sich wohl auch auf meine Unterhaltung mit Bianca ausgewirkt haben.

So saß ich also einige Tage später mit ihr in diesem merkwürdigen Café und war geistig völlig abgedriftet.

Denn meine neue Freundin entpuppte sich schnell als ziemlich anstrengende Person, die mich während des zweistündigen Treffens nur zu Wort kommen ließ, um Dinge wie »okay«, »aha« und »Das ist eine super Geschichte, Bianca, aber darf ich jetzt bitte aufs Klo gehen?« zu sagen.

Sie war die Sorte Mensch, die darauf bestand, unerträglich lange Geschichten ohne jeglichen Witz oder Pointe zu erzählen, und das mit solchem Vergnügen, als wäre sie der Host einer Show namens *Late Night With Bianca*. Viele dieser Storys enthielten Informationen, die ich weder von meinen engsten Freunden noch von dieser nahezu Fremden wissen wollte.

So erklärte sie mir zum Beispiel, dass sie gerade einen Typen datete, der Masseur war. »Das heißt, er kann mich immer massieren, wenn ich will«, säuselte sie, während sie lasziv an ihrem Kaffee nippte, »und natürlich ist das für mich die beste Form des Vorspiels. Der Sex danach ist fantastisch und sehr intensiv, Michael!«, fügte sie mit einem frechen Augenzwinkern hinzu.

Ich konnte mich gerade noch davon abhalten, in meinen Latte macchiato zu kotzen. Warum gewisse Menschen es für notwendig halten, mich ungefragt über ihre Sexualpraktiken zu informieren, bleibt mir bis heute ein Rätsel.

»Einmal«, gestand sie mir hinter vorgehaltener Hand, während sie die Dessertkarte studierte, »hatten wir Sex im Wald!« Sie lachte laut und klatschte sich dabei auf ihren Oberschenkel, als könnte sie es selbst nicht fassen, wie *crazy* sie doch war. Eindeutig hatte sie die »Time of her life«.

Indes verdrehte ich meine Augen und blickte mich nach dem Notausgang um. Was hatte ich mir da bloß eingebrockt? Ernüchtert musste ich feststellen, dass ich an dem Abend, an dem wir Freundschaft geschlossen hatten, wohl extrem betrunken gewesen war. Vermutlich hätte ich auch zu einer Topfpflanze gesagt: »Du bist ein Feuerwerk an Gags!«

Ihr merkt, schon zu diesem Zeitpunkt war unsere junge Freundschaft – zumindest aus meiner Sicht gesehen – längst passé. Ich hatte eindeutig den Zeitpunkt verpasst, um freundlich, aber direkt zu sagen: »Es tut mir leid, aber vielleicht sollten wir uns nicht wiedersehen.« Es wäre definitiv die richtige und erwachsene Handlungsweise gewesen, doch damals wusste ich es einfach nicht besser und sah Freundschaften, als wäre ich bei der Mafia: Ist man einmal drin, gibt es kein Zurück mehr.

Da ich den Austritt verpasst hatte, stauten sich in mir immer mehr Aggressionen gegen Bianca an und ich fürchtete fortan jedes Treffen wie einen Besuch bei meinem Steuerberater. Zudem entwickelte ich mit den Monaten auch Aggressionen gegen mich selbst, denn mein Verhalten war nicht nur kindisch, sondern auch unfair Bianca gegenüber: Sie verdiente definitiv einen Gesprächspartner, der ihre Geschichten mehr zu schätzen wusste. Oder zumindest geistig anwesend blieb.

Eines Abends rief Bianca mich an. »Hey, Michael, wie wäre es, wenn wir wieder mal so richtig Spaß miteinander hätten? Die Bianca will ausgehen!!!«, trällerte sie ins Telefon mit einem Enthusiasmus, den sie sich sonst bestimmt nur für eine Runde »Lotti Karotti« aufhob.

Spaß? Wann hatten wir je Spaß?, dachte ich mir. »Ja klar, wann hast du Zeit?«, antwortete ich stattdessen, als würde mir jemand eine Waffe vorhalten und mich zwingen, nett zu dem anstrengenden Mädchen zu sein. So konnte es nicht weitergehen. Ich nahm mir vor, beim nächsten Treffen die Freundschaft zu beenden.

Im Vorfeld hatte ich online einige Artikel zum Thema »Freundschaftsscheidung« gelesen und war völlig entzückt, herauszufinden, dass ich nicht der Einzige war, der seine Probleme damit hatte. Es sei schwierig, sich von Freunden zu trennen, da eine Freundschaft zwar nicht so viel Hingabe wie eine Liebesbeziehung erfordere, sich deshalb nach der Beendigung aber auch schnell in eine regelrechte Feindschaft verwandeln könne. Bevor man sichs versehe, so warnten Experten, könnte meine ehemalige Freundin in Wien ihr Unwesen treiben und all die Geheimnisse, die ich ihr anvertraut hatte, ausplaudern. Was, wenn sie mein *High School Musical*-T-Shirt erwähnte? Undenkbar.

Deshalb sei es ratsam, nette, aber resolute Worte zur Beendigung einer Freundschaft zu wählen und dem Gegenüber klarzumachen, wie beide Parteien davon profitieren konnten, einen Gang zurückzuschalten. Die Kunst der Freundschaftsscheidung klang regelrecht wie ein Schachspiel, bei dem höchste Vorsicht geboten war. Doch ich fühlte mich bereit.

Wir verabredeten uns also in einer Bar, die nicht weit von meiner Wohnung entfernt lag. Für mich hatte es etwas Romantisches, unsere Freundschaft so zu beenden, wie wir sie begonnen hatten: derartig betrunken, dass wir nicht mehr wussten, wo oben und unten war. Ich gab dem Barkeeper, gleich nachdem ich das Lokal betreten hatte, einen 20-Euro-Schein und die Anweisung, mein Weinglas nie leer werden zu lassen. Er nickte pflichtbewusst und brachte mir ein Glas Weißwein, an dem ich nippte, während ich auf meine Verabredung wartete.

Nur wenige Minuten später stürzte Bianca hastig herein und schlang ihre Arme um mich. »Es tut mir leid, dass ich zu spät bin«, entschuldigte sie sich, »aber ich hatte den schlimmsten Tag EVER!« Sie sackte in ihrem Stuhl zusammen wie eine Nebenfigur aus *Mord ist ihr Hobby*, die gerade Zeugin einer fürchterlichen Bluttat geworden war.

»Oh nein, was ist passiert?«, fragte ich ehrlich neugierig und ahnte, dass es eine längere Geschichte werden könnte. Ich warf dem Kellner einen finsteren Blick zu, woraufhin er an unseren Tisch kam und mein Glas schnell wieder füllte.

»Na ja, ich habe diesen Typen gedatet – Stefan. Von dem habe ich dir doch erzählt, oder?«

Ich nickte einfach. Wer konnte schon noch sagen, was Bianca alles erzählt hatte? Es wäre leichter gewesen, aufzuzählen, was sie *nicht* erzählt hatte.

»Du weißt schon, der Masseur, der, mit dem ich so

intensiven Sex hatte.« Sämtliche Haare auf meinem Körper stellten sich auf. Ach ja, *dieser* Kerl.

»Na, jedenfalls hat er mir heute gesagt, dass er nicht mehr mit mir ausgehen möchte.« Vor Schock riss ich meinen Mund weit auf und ich bin mir ziemlich sicher, dass eine ganze Erdnuss herauspurzelte. Dieser Typ hatte meinen Plan geklaut! *Ich* wollte Bianca doch heute sagen, dass es zwischen uns aus war.

»Schockierend, ich weiß«, sagte sie, und ich schloss meinen Mund langsam wieder. Dass jemand keine Zeit mehr mit Bianca verbringen wollte, war für mich in etwa so schockierend, als würde man mir erklären, dass Siegfried und Roy mehr als nur Freunde waren. Dementsprechend froh war ich, dass sie meine Reaktion als Mitgefühl deutete.

»Ich hatte es längst kommen sehen«, gestand sie mir, während sie viel zu schnell von ihrem Gin Tonic trank. »In den vergangenen Wochen hat er selten auf meine SMS geantwortet und meinte irgendwann, er hätte sein Handy verloren.«

Ich konnte mich gerade noch davon abhalten, meinen Block rauszuholen und mitzuschreiben. Nicht mehr antworten … Handy verloren … Was genau hat er noch gemacht, Bianca? Der Masseur war in meinen Augen ein absolutes Genie! Er hatte eiskalt vollbracht, was mir in den vergangenen Monaten nicht gelungen war: Bianca abwimmeln!

Ich bin vielleicht ein schlechter Mensch, aber ich bin kein Arschloch: Ich würde Bianca definitiv nicht am selben Tag die Freundschaft kündigen, an dem sich auch ihr Freund von ihr getrennt hatte. Ich beschloss, mit unserer Trennung so zu verfahren wie mit meinen »alkoholfreien Phasen«: auf unbestimmte Zeit verschieben. Also hörte ich ihr wieder mal einfach nur zu.

Zwei Stunden später saßen Bianca und ich noch immer in der Bar und waren völlig betrunken. Der Kellner war vom vielen Hin- und Herlaufen so müde geworden, dass er irgendwann die Weinflasche auf unserem Tisch stehengelassen hatte und nun erschöpft hinter dem Tresen saß.

»Und weißt du, was das Schlimmste ist?«, lallte Bianca, ihren finsteren Blick fest auf meinen Oberkörper gerichtet. »Er hat mir gesagt, dass ich anstrengend bin. ANSTRENGEND!«

Das wurde ja immer besser. »Unfassbar!«, sagte ich, bevor ich mein Gesicht hinter der Cocktailkarte versteckte, um ein bisschen grinsen zu können.

Als ich meinen Blick wieder auf mein Gegenüber richtete, war sie plötzlich völlig blass im Gesicht. Schon wenige Momente später fanden wir uns auf der Straße vor dem Lokal wieder, wo sie sich die Seele und ein paar Chicken Nuggets aus dem Leib kotzte. Zu diesem Zeitpunkt hatte ich einfach nur Mitleid mit Bianca: Sie wurde von ihrem Freund verlassen, war superanstrengend und musste nach drei Gin Tonic kotzen? Was für eine arme Seele in Not! Ich beschloss, sie mit in meine Wohnung zu nehmen, in der Hoffnung, mein Karma ein bisschen aufzubessern. Ich hatte es dringend nötig, nachdem ich letztens unabsichtlich einen kleinen Hund getreten hatte.

Bianca gelang es, sich auf dem Weg zu meinem Haus nicht erneut zu erbrechen – bis zu dem Moment, in dem wir den Fahrstuhl betraten. Als er sich in Bewegung setzte, bahnte sich ein weiteres Chicken Nugget seinen Weg aus Biancas Körper und klatschte auf den Boden.

In meiner Wohnung angekommen, stürmte Bianca gleich auf die Toilette und ließ prompt ihren Kopf in die Schüssel hängen, bevor ich überhaupt gastfreundlich sagen konnte: »Du kannst deine Schuhe ruhig anlassen!« Ich brachte meiner kotzenden Kumpanin Wasser und bot ihr an, auf meiner Ausziehcouch zu übernachten, doch sie winkte ab, als wäre ich ein aufdringlicher Rosenverkäufer. »Das passt schon!«, lallte sie mir entgegen. »Nach drei Gin Tonic kotze ich VIEL. Ich bleibe erst mal hier.«

Prima. Nach wenigen Augenblicken war Bianca eingeschlafen und schnarchte laut in meine Toilettenschüssel. Alle paar Minuten wachte sie auf, blickte sich um, kotzte wieder ein bisschen und schlief erneut ein. So musste es sich anfühlen, ein Baby zu haben.

Ich beschloss, die Beendigung unserer Freundschaft wieder mal auf das nächste Treffen zu verschieben, und war gerade dabei, mich bettfertig zu machen, als ich einfach nicht mehr an mich halten konnte: In der Bar hatte ich immerhin eine ganze Flasche Wein getrunken und kein einziges Mal die Gelegenheit gehabt, meine Blase zu entleeren. Ich musste wirklich dringend die Toilette benutzen, doch das war nicht möglich, da Betty Ford gerade darin schlummerte.

Es war definitiv zu spät, um meine Nachbarn zu wecken, und ich war zu hygienisch, um in das Spülbecken zu urinieren. Verzweifelt blickte ich mich in meiner Wohnung um. Mein Blick blieb an einer Blumenvase hängen, die ich einst gekauft hatte, um Woche für Woche frische Blumen darin zu präsentieren, welche seit ihrem Erwerb jedoch unbenutzt geblieben war.

Doch spätestens als ich geräuschvoll in meine wunderschöne Vase urinierte und dabei Bianca im Badezimmer kotzen hörte, wurde mir klar, dass unsere Trennung nicht warten konnte. Was war aus meinem Leben geworden? Dies war ohne Zweifel die fürchterlichste Freundschaft auf Erden, und es war – Karma hin oder her – an der Zeit, den Schlussstrich zu ziehen.

Bianca erwachte kurz vor Mittag. Irgendwann im Rahmen ihrer Kotzorgie war es ihr gelungen, sich von der Toilette auf mein Sofa zu manövrieren.

»Wir müssen reden!«, sagte ich, und Bianca setzte sich aufrecht hin. »Ich weiß, ich hätte es dir eher sagen sollen«, erklärte ich, »aber unsere letzten Treffen waren für mich mehr etwas, das ich machen muss, als etwas, das ich machen will.«

Bianca zeigte sich überraschenderweise sehr verständnisvoll und entschuldigte sich für die vergangene Nacht. »Ich dachte mir schon irgendwie, dass du keine Freude an unseren Treffen hast, aber Empathie ist leider nicht wirklich eine meiner Stärken.«

Ach, was du nicht sagst, Bianca!

»Na ja, die Bianca geht dann!«, säuselte sie nonchalant, während sie ihre am Boden verstreute Kleidung einsammelte. Dies tat sie derart ungekränkt und routiniert, dass ich das Gefühl bekam, dass ich definitiv nicht der erste Mensch war, der ihr die Freundschaft kündigte.

An der Tür hielt Bianca kurz inne, drehte sich noch einmal zu mir um und sagte andächtig: »Aber, Michael, eines musst du dir eingestehen: Es hat Spaß gemacht, solange es gedauert hat!«

Ich sah Bianca an und erkannte den hoffnungsvollen Blick in ihren Augen. Ein letztes Mal bot sich mir die Möglichkeit, Bianca anzulügen und ihr das zu sagen, was sie hören wollte. Aber wozu eigentlich?

»Nein, Bianca. Nein, das hat es nicht.«

Vielleicht gibt es keine richtige Methode und keinen richtigen Zeitpunkt für eine Freundschaftsscheidung. Immerhin hat es ein Jahr gedauert und mich mehr Überwindung gekostet, als ich an dieser Stelle eingestehen möchte, eine längst verblasste Freundschaft zu beenden, und trotz all der Planung habe ich es im Endeffekt relativ spontan gemacht.

Aber wisst ihr was? Es war – ähnlich wie die meisten Dinge, von denen man denkt, dass sie in einem Blutbad enden könnten – halb so schlimm oder schmerzhaft wie erwartet.

Gewisse Freundschaften können wunderbar sein und halten ein Leben lang. Andere wiederum sind vielleicht für ein paar Monate ganz angenehm und sollten danach prompt ein Ende finden. Die eigentliche Kunst liegt darin, zu wissen, wann der Zeitpunkt gekommen ist, um getrennte Wege zu gehen. Und letztlich habe ich aus dieser gescheiterten Freundschaft wohl ähnlich viele Lektionen gelernt wie aus all den guten: Direktheit schadet nicht, manche Trennungen sind leichter als gedacht, und Vasen eignen sich im Notfall als Urinal. Danke, Bianca!

Buchingers Goldene Regeln

Wissen, wann es genug ist Erwischst du dich dabei, dass du während eines Treffens mit einem »Freund« auf die Toilette gehst, ohne zu müssen? Einfach nur, um ein paar Minuten die Ruhe zu genießen? Dann überdenke diese Freundschaft.

Weniger ist mehr In der Schule anfangs relativ unbeliebt, hat sich bei mir irgendwann der Gedanke festgesetzt, dass ich *so viele Freunde wie menschenmöglich* brauchte! Anfang 20 habe ich daher Freunde gesammelt, als wären sie Pokémon: Ich musste sie alle haben. Je älter ich werde, desto mehr merke ich aber, dass es meine vier engsten Freunde sind, die ich am meisten mag und auf die ich mich immer verlassen kann. Natürlich freue ich mich über neue Bekanntschaften und nette Gespräche, aber gleichzeitig mag ich es, zu wissen, dass ich mit meinem kleinen Freundeskreis vollkommen zufrieden bin.

Spiel nichts vor Kleine Lügen erfrischen den Alltag. Von großen Lügen und vorgespielten Freundschaften hat aber niemand etwas. Auch, wenn du deine Mitmenschen nicht verletzen willst, ist es nie clever, Gefühle vorzuspielen. Es sei denn, du willst Schauspieler werden und brauchst das Training.

Spontan geht
die Welt zugrunde

Spontane Menschen sind mir ein Dorn im Auge. Nichts irritiert mich mehr, als wenn mir Freunde eine SMS schreiben, um mich wissen zu lassen, dass sie gerade in der Nähe sind, und fragen, ob ich nicht Lust hätte, sie spontan mit ihrem kleinen Bruder auf das »Kinderfest der Pferde« zu begleiten. Spontan? Kinderfest? PFERDE? Ich hatte keine Ahnung, dass so viele Dinge, die ich nicht ausstehen kann, überhaupt in einen Satz passen, aber ich werde immer wieder aufs Neue überrascht.

In solchen Situationen lache ich einfach nur ins Telefon und lege auf. Kennen wir uns überhaupt? Meine echten Freunde wissen, dass ich mindestens 30 Minuten brauche, um mich und meinen ekelhaften Zuhause-Look halbwegs salonfähig zu machen, und selbst dann noch so aussehe, als käme ich gerade von meiner Schicht in der Kohlengrube.

Abgesehen davon machen mich spontane Planänderungen fürchterlich unruhig und wecken in mir das Bedürfnis, eine ganze Flasche Bachblüten auf Ex zu trinken. Wenn ich mit Julia schon längere Zeit ausgemacht habe, sie auf einen Kaffee zu treffen, erwarte ich ein entspanntes Get-together, bei dem wir in Ruhe über unseren gemeinsamen Bekannten Philip lästern können und ich ihr endlich von der Planung meines ersten R'n'B-Albums erzählen kann.

Doch dann muss ich feststellen, dass meine spontane Freigeistfreundin mal eben ohne Vorwarnung fünf weitere Gäste – darunter auch Philip – eingeladen hat. Was soll nun aus meiner Eins-a-Philip-Imitation werden, die ich Tag und Nacht einstudiert habe? Und wann soll ich in diesem großen Rahmen bitte von meinem R'n'B-Album erzählen oder eine kleine Kostprobe der Lead-Single »Sugar for my Daddy« vortragen?

Wie ihr merkt, bin ich sehr schwierig und unspontan. Ich fordere für jedes noch so kleine Event die Erstellung einer Facebook-Veranstaltung, bei der genau zu sehen ist, wer teilnimmt, wer nicht und wer »vielleicht« vorbeischaut (was, unter uns, der internationale Code für »Ich komme nicht, denn ich kann niemanden von euch leiden, bin aber zu höflich, um es zuzugeben« ist), so dass ich meine Stimmimitationen und Gesangseinlagen dementsprechend anpassen kann.

Nicht selten beklagen Freunde meine mangelnde Spontaneität. Als ich zum Beispiel in Berlin wohnte, fand ich schnell neue Freunde, die allesamt sehr spontan waren (was, wie sie mich stets wissen ließen, »typisch berlinerisch« war). Einmal riss mich ein Anruf eines Freundes um drei Uhr morgens aus meinen Träumen. Gequält jaulte ich ins Telefon: »Hallooo?«

»Hallo, Michi, na, was machst du?«, wollte mein Kumpel Jochen wissen. War das sein Ernst?

»Es ist drei Uhr morgens an einem Dienstag. Ich webe einen orientalischen Teppich«, sagte ich todernst.

»Oh, wow!«, entgegnete er, offensichtlich gänzlich immun für meinen Sarkasmus oder meine Schlafzimmerstimme. »Ich gehe gleich noch in eine Bar. Kommst du mit?«

Diese Freundschaft hatte keine Zukunft. Warum sollte man um drei Uhr noch in eine Bar gehen? Um beim Abwasch zu helfen?

»Such dir einen Job!«, krächzte ich ins Telefon und legte auf. Vorher hatte ich Jochen noch erklärt, dass ich kein spontaner Mensch bin und gerne früh schlafen gehe.

Bis zum heutigen Tag ist es mir ein Rätsel, wie man jemanden außerhalb der allseits bekannten Kontaktzeiten (acht bis 22 Uhr!) anrufen und Spontaneität einfordern kann! Nicht nur das: Wenn Freunde mich fortan fragten, wie Berliner denn so drauf seien, erzählte ich nur von Jochen und beendete die Anekdote zusammenfassend mit »äußerst eigen«.

Doch auch zurück in Wien galt ich als ähnlich abenteuerlich wie eine häkelnde Großmutter. Meine Freigeistbekannte Julia beklagt sich stets darüber, dass es unmöglich sei, mit mir spontan eine »Fahrt ins Blaue« zu unternehmen, ohne zu wissen, wo wir die Nacht verbringen werden. Es ist nicht unmöglich, Julia, es klingt nur absolut fürchterlich. Meine Vorstellung eines Abenteuerurlaubs ist es nun mal, beim Roomservice in einem netten Hotel ein Gericht zu bestellen, das ich noch nie zuvor gegessen habe.

Wie immer, wenn mir Leute etwas vorwerfen, was zu 100 Prozent zutrifft, wollte ich auch Julia davon überzeugen, dass ich äußerst spontan und ziemlich wild sein konnte, wenn ich denn nur wollte. Als sie mir eines Abends eine Rolle in einem Kunstfilm anbot, den sie bereits am nächsten Tag drehen wollte (drehen Freigeister nicht immer Kunstfilme?), willigte ich – spontan, wie ich vorgab zu sein – ein. Und das, obwohl ich den folgenden Tag eigentlich bei Kaffee und Kuchen in meiner Lieblingskonditorei hatte verbringen wollen. Tja, aber so bin ich halt: für jeden Spaß zu haben!

Julia war außer sich vor Freude. Sie erklärte mir, dass ihre Freundin Alexandra die Hauptrolle übernehmen würde und ich sie in einer Szene wild küssen musste. Vorsichtig hakte sie nach, ob das ein Problem für mich sei. »Für mich doch nicht!«, brüllte ich ein bisschen zu laut. »Ich liebe es, fremde Menschen zu küssen!«, setzte ich nach und mimte sehr zum Ekel aller Anwesenden einen Zungenkuss mit einer imaginären Person. Ich war bereit!

Am folgenden Tag fand ich mich bereits zu früher Morgenstunde in der Location ein, einer Privatwohnung, in deren Vorraum eine hektische Julia herumwuselte. »Michael, ich bin so froh, dass du da bist!«, platzte sie heraus. »Es gab eine spontane Planänderung!«

Das ist, wie ihr bereits wisst, ohne Zweifel der Satz,

den ich nach »Das Dessert-Buffet wurde heute bereits leergegessen!« am wenigsten gern höre.

Mit einer Geschwindigkeit, die selbst die *Gilmore Girls* staunen lassen würde, erklärte sie mir, dass Alexandra, meine Kusspartnerin, spontan krank geworden sei und nun Julias Cousin Manuel die Hauptrolle des Nymphomanen übernahm. Sie deutete über ihre Schulter ins Nebenzimmer, wo ein Muskelprotz mit freiem Oberkörper am Bett saß und schüchtern winkte.

»WAS?«, brüllte ich, bevor mir wieder einfiel, dass ich ja eigentlich offener für spontane Aktionen sein wollte. »No problemo, señorita!«, korrigierte ich mich schnell und wippte mit meinem Körper langsam vor und zurück, als würde ich gechillt zu Reggae-Musik tanzen.

Die Wahrheit war natürlich, dass mich diese Änderung immens störte. In einem Kunstfilm ein Mädchen zu küssen, war okay für mich, denn dieses Szenario wirkte in etwa so plausibel, als würde ich einen selbstlosen Astronauten mimen, der allein ins Weltall reiste, um als letzte Hoffnung für die Menschheit einen bedrohlichen Asteroiden zu zerstören.

Footage von mir dagegen, wie ich mit einem spärlich bekleideten Mann auf einem Bett rummachte, konnte genauso gut an jedem beliebigen Samstag nach zwei Uhr morgens entstanden sein und kam der Realität bedrohlich nahe. Bestimmt würden die Zuschauer diesen experimentellen Streifen für einen spannenden Dokumentarfilm halten.

Genau das stört mich so sehr an spontanen Menschen:

Sie erkennen nicht, dass die Änderung von »klitzekleinen Details« Kontrollfreaks wie mich völlig aus dem Konzept bringen kann. Sag mir bitte vorher Bescheid, wenn du das nächste Mal deine Filmidee von »Mädchen, das viel datet und ein paar Männer küsst« auf »Soft-Porno-Session mit Manuel, dem Muskel-Macho« änderst. Ich lade doch auch niemanden zu mir nach Hause zum Abendessen ein und sage, dass es Linsen mit Knödeln geben wird, und wenn meine Gäste dann bei mir auftauchen, drücke ich ihnen eine Sturmmaske und eine Waffe in die Hand und sage: »Es gibt doch keine Linsen. Stattdessen gehen wir jetzt eine Bank ausrauben! Super, dass ihr so offen seid!«

Wenige Minuten später küsste mich Manuel ähnlich stürmisch, als wäre es seine geheime Mission, meine Zahnfüllungen aus meinem Mund zu katapultieren. »Ja! Weiter so! Und jetzt drück ihn ins Kissen und würg ihn, Michi!«, rief Julia, welcher sicher eine blühende Karriere am Pornohimmel bevorstand, energisch hinter der Kamera hervor. Allmählich hatte ich den Verdacht, dass dieser »Kunstfilm« nur ein Vorwand war, um mich zum Filmen meines ersten Sex-Tapes (*Michi Buchinger Superstar*) zu verleiten.

Wir hatten uns nun schon bestimmt seit einer halben Stunde geküsst, und wie bei den meisten Intimitäten, die so lange dauerten, war ich geistig abwesend und dachte stattdessen darüber nach, welchen Kuchen ich als Nächstes essen wollte. Mittlerweile hatten wir mit Sicherheit genug Material, um mich ein Leben lang erpressen zu können. Ich hatte die Nase gestrichen voll von diesem Nonsens und den Mund voll mit der Zunge eines Menschen, dessen Nachnamen ich nicht mal kannte.

In einem wahren Moment der Spontaneität entschuldigte ich mich also auf die Toilette, doch anstatt diese tatsächlich aufzusuchen, verschwand ich wie von Geisterhand aus der Wohnung und fand mich schon wenige Minuten später in meiner Lieblingskonditorei wieder. Frech zückte ich mein Handy aus der Hosentasche. »Spontane Planänderung!«, schrieb ich Julia. »Ich hatte keine Lust mehr, deinen Cousin zu küssen. Danke für dein Verständnis!« Zufrieden nahm ich einen großen Happen meiner Schokotorte. Und da sage noch mal einer, ich wäre nicht spontan!

Natürlich: Meine Reaktion auf das Szenario war ein bisschen unreif und egoistisch, aber genauso fühlt es sich für mich an, mit spontanen Menschen konfrontiert zu sein. Vor allem *ihr* Wohlbefinden zählt, während meine Schrullen (Spoiler alert: Ich habe sehr viele davon) gänzlich unbeachtet bleiben. Hast du schon einmal daran gedacht, dass ich um drei Uhr morgens mein wohlverdientes zwölfstündiges Nickerchen verrichten könnte, Jochen? Und ist es zu viel verlangt, mir vorher kurz Bescheid zu geben, bevor du unser intimes Kaffee-Date in einen regelrechten Flashmob verwandelst, Julia?

Ich schlage vor, dass wir alle ein bisschen rücksichtsvoller durchs Leben gehen. Lasst uns die Gefühle und das Wohlbefinden unserer Mitmenschen in Betracht ziehen, bevor wir sie ohne Vorwarnung vor vollendete Tatsachen stellen. Natürlich dürft ihr spontanen Menschen nach wie vor Fahrten ins Blaue unternehmen oder ulkige Kunstfilme drehen, doch sobald ihr andere Menschen mit einbezieht, können kleine Vorwarnungen über etwaige Planänderungen nicht schaden, um das Miteinander problemlos zu gestalten. Wenn wir alle ein bisschen weniger spontan und egozentrisch wären, wäre die Welt vielleicht ein angenehmerer Ort!

Buchingers Goldene Regeln

Keine Kontaktaufnahme zwischen 22 und 8 Uhr Es sei denn, es handelt sich um einen Notfall oder du weißt, dass ich sowieso wachliege und den Sinn des Lebens in Frage stelle.

Keine grundstürzenden spontanen Planänderungen Es ist okay für mich, dich spontan in einem anderen Café als vereinbart zu treffen. Es ist aber nicht okay für mich, anstatt Kaffee zu trinken ins Hallenbad zu gehen, um mit dir Brustschwimmen zu üben. Wo bleibt mein Kuchen?

Zwinge mich nicht, deinen Cousin zu küssen Ich finde das eigenartig.

Diesen Leuten kann man nicht vertrauen

Folgende Typen von Menschen würde ich nicht mal darum bitten, meine Pflanzen zu gießen, wenn ich zwei Wochen lang nicht zu Hause bin, da ich sie aus gutem Grund für absolut crazy und unberechenbar halte.

Leute, die keine Ahnung vom Weltgeschehen haben

Wer denkt, dass »Brexit« ein Trockenfutter für Katzen ist und auch sonst kein Allgemeinwissen hat, ist für mich nicht vertrauenswürdig. Ich habe mal aufgehört, einen Mann zu daten, weil er nicht wusste, wer Sandra Bullock ist. Ich bin nicht mal ein riesiger Sandra-Bullock-Fan, aber welche Art von Leben muss eine Person führen, um 24 Jahre lang dem Namen Sandra Bullock ausgewichen zu sein? Ich bin froh, dass ich rechtzeitig entkommen konnte. Spätestens beim fünften Date hätte er mir vermutlich offenbart, dass er in seiner Freizeit gerne Radios repariert und bezweifelt, dass der Mond real ist.

Leute, die den ganzen Arm voll mit Festivalbändern haben

Wer kein Teenager mehr ist und Festivalbänder trägt, verkauft bestimmt auch Traumfänger aus dem Kofferraum seines Autos. Als Mensch, der alle Festivals, auf denen er je war, gerne aus seiner Erinnerung verbannen möchte, habe ich nicht nur Unverständnis für solchen Schmuck, sondern schwebe auch in großer Sorge um die Hygiene meines Gegenübers: Das Band mit der Aufschrift »Melt! 2007« trägst du also schon zehn Jahre an dir? Gratuliere, ich werde dich nie als Notfallkontakt in meinem Telefon einspeichern.

Leute, die T-Shirts mit frechen Sprüchen tragen

Natürlich ist es nicht nett, von dem Kleidungsstil auf die Persönlichkeit zu schließen, doch tragen Menschen T-Shirts mit flotten Sprüchen, sehe ich das als Einladung und urteile, als wäre ich Richterin Barbara Salesch. Du hast dir also gedacht: »Heute ziehe ich mal mein T-Shirt mit der Aufschrift ›Ich Chef, du NIX!‹ an, um in den Club zu gehen?« Spannend. Zu meiner Verwirrung über solche Kleiderwahl kommt noch, dass ich nur einen Bruchteil dieser T-Shirt-Sprüche verstehe. Einmal habe ich einen Mann, der ein Shirt trug, auf dem »Dortmund« stand und ein Pfeil auf seinen Schritt zeigte, gefragt: »Sind Sie etwa aus Dortmund angereist? Ein wahrlich weiter Weg!«

Leute mit vermüllten Autos

Das Auto eines Menschen ist ein Spiegel seiner selbst. Nichts desillusioniert mich mehr, als wenn ich einen netten Abend mit meinem Date habe, er anbietet, mich nach Hause zu fahren, und ich dann herausfinden muss, dass sein Auto einer Messi-Wohnung auf vier Rädern gleicht. Es fängt damit an, dass er den Beifahrersitz in Windeseile freiräumen muss und dabei etwas murmelt wie »Es riecht hier erst so komisch, seit diese Ratte ihr Unwesen treibt!«, während er einen neuen Duftbaum mit der Note »Großmutters Fliedertraum« anbringt. Das ist dann mein Signal, um laut »Ach, weißt du was, ich glaube mit der U-Bahn bin ich schneller!« zu rufen. Wenn das Auto einer Person schon so aussieht, dann stellt euch einmal vor, wie es in ihrem Badezimmer zugeht!

Leute, die Tauben süß finden

Es gibt ein massives Taubenproblem in meinem Haus. Diese Ratten der Lüfte, wie ich sie liebevoll nenne, wohnen auf der Dachrinne vor meinem Fenster und reißen mich jeden Morgen mit ihrem Gurren aus dem Schlaf. Ich muss aufpassen, mein Fenster nicht zu weit zu öffnen, um mein trautes Heim nicht in »Michis Toiletten-Paradies für Tauben« zu verwandeln. Erzähle ich Freunden von diesem Problem, gibt es welche, die genauso angewidert reagieren wie ich, und solche, die mir erklären, wie süß sie Tauben doch finden – meiner Meinung nach ein sicheres Anzeichen dafür, dass mein Gegenüber absolut verrückt ist oder in einem früheren Leben selbst eine Taube war. Besonders Stadttauben sind alles andere als süß, sondern vielmehr fliegende Bakteriensammler, bei deren Anblick ich mit Vorliebe die Straßenseite wechsle.

Leute, die zu schnell vorschlagen, gemeinsam in den Urlaub zu fahren

Vielleicht liegt es an mir. Vielleicht bin ich zu nett oder wirke so, als könne man mit mir extrem viel Spaß im Urlaub haben, was – unter uns – auch der Fall ist: Sobald ich die österreichische Grenze überquere, verwandle ich mich in ein Spaßfeuerwerk. Vermutlich deswegen passiert es mir oft, dass Leute, die ich gerade mal 48 Stunden kenne, sagen: »Weißt du was: Wir sollten gemeinsam in den Urlaub fahren!« Womöglich erwarten sie, dass ich juble und die Top-Bonus-Karte meiner Lieblingsfluggesellschaft zücke, aber das können sie vergessen. Jeder Mensch, der nach so kurzer Zeit bereits gemeinsam verreisen möchte, ist mir äußerst suspekt. Immerhin könnte ich ein Verbrecher sein. Solchen Leichtsinn sollten wir nicht belohnen und solchen Menschen sollten wir nicht vertrauen.

Leute, die noch nie einen Kater hatten

Ich habe eine gute Freundin, die selbst nach der wildesten Partynacht nach nur vier Stunden Schlaf gutgelaunt aus dem Bett springt und wissen möchte, was wir heute »Lustiges« machen, während sie Räder durch das Wohnzimmer schlägt. Ich mag dich ja sehr gern, denke ich dann, aber was ist dein Problem? Selbst, wenn ich am Vortag keinen Schluck Alkohol getrunken habe, brauche ich am nächsten Morgen mindestens zwei Stunden für mich und eine Kaffeetasse, die größer ist als mein Kopf, um auch nur halbwegs sozial zu sein. Was ist euer Geheimnis? Trinkt ihr vor dem Schlafengehen das Blut einer Jungfrau? Wenn ja, darf ich mich bei der nächsten Bestellung beteiligen?

Leute, die nicht still sein können
Ich sehe mich als introvertierte Person. Zwar mag ich es, von Menschen umgeben zu sein, kann mich am Ende des Tages aber nur richtig entspannen, wenn ich allein bin oder gemeinsam mit Freunden ein bisschen Ruhe genieße. Dann gibt es jedoch diese Menschen, die Ruhe *hassen* und sie um jeden Preis mit sinnlosem Gelaber killen müssen. Obwohl man die letzten fünf Stunden miteinander verbracht und zur Genüge geplaudert hat, fangen sie an, wirre Sätze wie »Das Wetter heute ist TOP! Nicht zu kalt und nicht zu warm, jep, jep, jep!« von sich zu geben. Warum? Nur, weil wir schweigen, heißt das nicht, dass wir uns nicht mögen. Die besten Freunde, die ich habe, sind jene, mit denen ich stundenlang zusammensitzen kann und kaum ein Wort wechseln muss, weil wir wissen, dass wir nicht die ganze Zeit quatschen müssen, um zu erkennen, dass wir einander mögen.

Warum ich keine Geburtstage mag

Ich werde mich jetzt zwar sehr unbeliebt machen, aber ich kann Geburtstage nicht ausstehen. Weder meinen noch den anderer Personen. Bestimmt denkt ihr nun, dass ich einer dieser alten, grummeligen Männer bin, die Spaß hassen und mit einer Mistgabel drohend aus den Fenstern winken, wenn fröhliche Jugendliche an ihren Häusern vorbeiziehen.

Ja, es scheint gar nicht zu mir zu passen, dass ich meinen eigenen Geburtstag nicht mag. Doch obwohl ich 364 Tage im Jahr nach Aufmerksamkeit lechze und schreckliche Dinge sage wie: »Vielleicht sollte ich ein Baby adoptieren, um meinem Instagram-Account frischen Wind zu verpassen!«, kann ich es absolut nicht leiden, an meinem Ehrentag im Mittelpunkt zu stehen.

Ich bin mir sicher, dass diese Einstellung zum Teil auf meine Kindheit zurückgeht. Ich wurde am 21. Oktober geboren, weswegen ich der Einfachheit halber Halloween-Partys veranstaltet habe und all meine Freunde dazu zwang, sich in ulkige Kostüme zu schmeißen. »Wer sich nicht verkleidet, ist kein wahrer Freund für mich!«, sagte ich drohend.

Dies führte dazu, dass zwei Drittel meiner Freunde in Verkleidung kamen und der Rest (oder die »miesen Verräter«, wie ich sie gerne nannte) in Alltagskleidung. Es war mehr als nur ein bisschen verwirrend. Ich erinnere mich, wie meine Mutter sich zu meiner damals besten Freundin hinabbeugte und mit tiefer Stimme sagte: »Nina, ich finde dein Hexenkostüm echt toll! Sehr gruselig. Hex-Hex!«

Nina war gar nicht verkleidet und weinte daraufhin die ganze Feier lang. Danke, Mama! Vielleicht liegt es also an den dubiosen Geburtstagspartys meiner Kindheit, oder vielleicht mag ich es grundsätzlich nicht, wenn ein Raum voller Menschen ein Lied für mich singt und ich dann hinterher meine Torte, von der ich eigentlich allein naschen möchte, mit ihnen teilen muss.

Andererseits finde ich es aber auch beknackt, eine riesige Party zu schmeißen aus dem einzigen Anlass, dass man wieder mal ein Jahr älter geworden ist. Alle finden den Verfall meiner Jugend aus irgendeinem Grund ganz toll, singen für mich und überhäufen mich mit Geschenken. Sind meine Freunde also in Wahrheit meine Feinde, weil sie applaudieren, während ich in beunruhigend großen Schritten auf die 30 zugehe? Unfassbar.

Es stört mich auch, dass alle ständig so überrascht tun, wenn man Geburtstag hat: »O mein Gott, du hast Geburtstag!« Ja. Genauso wie jedes Jahr zu dieser Zeit, Bianca. Ich frage mich, ob Bianca weiß, wie ein Jahr funktioniert, oder ob sie einfach in den Tag hineinlebt und sich nicht an »gesellschaftliche Normen« wie Datum oder Uhrzeit hält. Bestimmt ist sie jedes Jahr völlig geflasht und aufs Neue überrascht, wenn Ostern oder Weihnachten plötzlich um die Ecke rollen. Bianca müsste man sein, und jedes Fest wäre ein absoluter Hit.

Abgesehen von meiner allgemeinen Missgunst wäre es mir lieber, wir würden die Dinge feiern, für die wir tatsächlich hart gearbeitet haben. Ich schmeiße gern eine Party, nachdem ich eine schwere Prüfung geschafft oder endlich diese ekelhafte Rattenfamilie aus meiner Wohnung verbannt habe, aber fürs Älterwerden? – Das ist die passivste aller Tätigkeiten.

Doch meine Abneigung beschränkt sich nicht auf meinen eigenen Ehrentag. Auch die Geburtstage anderer finde ich absolut anstrengend. Würde mich jemand zwingen, mich als Magier zu verkleiden, würde ich dieser Person schneller die Freundschaft kündigen, als einer von uns beiden »Simsalabim« sagen kann. Aber da sie ja schließlich Geburtstag hat, ist es ihr erlaubt, den ganzen Tag ohne jegliche Konsequenzen schieren Nonsens zu treiben.

Nett zu Menschen sein zu müssen, weil sie Geburtstag haben, bereitet mir besondere Kopfschmerzen. Im Normalfall wäre ich fuchsteufelswild, würde meine Freundin Simone betrunken und zwei Stunden zu spät auf ihrer eigenen Party auftauchen, so als wäre sie der große Gatsby. Ich würde es nicht goutieren, würde sie mein Gastgeschenk – ein aufregendes Kerzen-Bastel-Set! – links liegen lassen und mir stattdessen flüsternd gestehen, dass sie mich, als wir uns kennengelernt haben, eigentlich fürchterlich eigenartig und hässlich fand, aber mich mittlerweile lieben gelernt hat. Aber ich muss wohl, denn heute ist immerhin ihr Geburtstag und das gibt ihr das Recht, sich wie ein absolutes Scheusal zu verhalten.

Ihr merkt: Geburtstage sind für mich eine schwierige Sache. Seit einigen Jahren feiere ich meinen Geburtstag, sehr zur Missgunst mancher Freunde, gar nicht mehr. »Michael, weißt du schon, was du dieses Jahr machst?«, fragen sie mich im Juni. Zu diesem Zeitpunkt liegt mein Geburtstag noch vier Monate in der Zukunft, und ich habe keinen blassen Schimmer, ob ich im Oktober überhaupt noch am Leben, geschweige denn gesellig genug sein werde, um eine wilde Party für Leute zu schmeißen, die mir solche absurden Fragen stellen.

Stattdessen verbringe ich meistens einfach einen gemütlichen Abend mit ein oder zwei Freunden, an dem wir so viel essen und trinken, als wären wir zu sechst oder siebt. Das hat natürlich den Vorteil, dass ich, indem ich nichts von meinem Geburtstag erwarte (etwa, dass alle Gäste verkleidet kommen und mich auf einem Stuhl durch die Gegend tragen, während sie »MI-CHI! MI-CHI! MI-CHI!« jubeln), auch nicht enttäuscht werden kann.

Abgesehen davon habe ich aber das Bedürfnis, nervös eine ganze Packung Zigaretten zu inhalieren, wenn ich nur daran *denke*, eine Party für mich und all meine Freunde organisieren zu müssen. Zugegeben, ich würde es trotz meiner tosenden Geburtstagsabneigung insgeheim schon ganz schön finden, eine elegante Fete für mich und meine Liebsten zu schmeißen (unter der Voraussetzung, dass niemand singt oder sich verkleidet und es eine separate Geheimtorte nur für mich gibt), und dabei selbst mal den ganzen Abend lang die »Heute müsst ihr alle nett zu mir sein, denn ich habe ja Geburtstag!«-Karte zu spielen, aber mir fehlt einfach die Kraft dazu.

Wie bei allen Dingen, die anstrengend sind, möchte ich daher, dass jemand anders das für mich erledigt. So habe ich es mir in den letzten drei Jahren zum Ziel gemacht, meine Freunde auf subtile Weise wissen zu lassen, dass sie mir doch bitte eine Überraschungsparty schmeißen sollen. Eine schwierige Aufgabe, da ich ihnen doch über Jahre hinweg eingetrichtert habe, wie sehr ich meinen Geburtstag hasse.

»Wow, diese Location ist ja toll! Hier würde ich gerne feiern!«, sage ich zum Beispiel, wenn ich einen schönen Club betrete.

»Weißt du, wenn ich eine Party feiern würde, dann würde ich nur Disco-Musik spielen und auf Rollschuhen durch die Gegend fahren!«, meinte ich letztens zu meiner Mutter.

»Bitte schmeißt mir eine Überraschungsparty!!!«, sind die Worte, die ich, wenn man meinem Freund Glauben schenkt, im Schlaf nuschle. Doch niemand hört mir zu.

Liebe Leser, meine Beziehung zu Geburtstagen ist ein paradoxer Fall, über den man sicher eine spannende Psychologie-Bachelorarbeit schreiben könnte: Ich hasse

Aufmerksamkeit an meinem Geburtstag und feiere ihn daher nicht, möchte aber dennoch im tiefsten Inneren, dass meine Freunde alles stehen und liegen lassen und eine Party für mich organisieren. Ähnliche Gedankengänge kennt man wohl nur von psychopathischen Serienmördern.

Nächstes Jahr möchte ich auf jeden Fall, dass mein Traum einer gelungenen Party endlich in Erfüllung geht, und gedenke daher, von nun an weniger subtil mit meinen Hinweisen umzugehen. Falls also irgendjemand aus meinem Freundeskreis diese Zeilen lesen sollte, so habe ich hier eine versteckte Botschaft für dich: *Bitte schmeiß mir eine Überraschungsparty!* Und solltest du und die anderen zu diesem Fest nicht verkleidet kommen, dann seid ihr keine wahren Freunde für mich.

Buchingers Goldene Regeln

Übe keinen Druck auf das Geburtstagskind aus Hör bitte auf, mich schon drei Monate vorher zu fragen, was ich denn geplant habe und in welchem Club ich feiern werde. Der Club heißt »Michis Bett« und der Eintritt ist ziemlich teuer.

Feiern ist FUN! Abgesehen von Geburtstagen sollten wir alle viel mehr feiern, etwa, wenn Britney Spears ein neues Album veröffentlicht.

Das Geburtstagskind darf nicht alles Es ist mir egal, dass du heute vor ein paar Jahren geboren wurdest: Dein Verhalten ist unhöflich, und ich werde dich darauf aufmerksam machen (nachdem ich diese Torte gegessen habe).

Dieses Kapitel wird dein Leben verändern!

Ich bin ein Opfer des Selbstverbesserungswahns. Das ist ohne Zweifel einer meiner weniger positiven Charakterzüge, die ich wohl von meiner Mutter geerbt habe. Nicht selten beobachtete ich sie als Kind dabei, wie sie vor dem Regal mit Fitness- und Ernährungszeitschriften stand, begeistert trällerte: »»Fit mit FUN in nur 10 Tagen‹? Das nehme ich mit!«, und energisch zur Kasse marschierte – gewiss, dass sich ihr Leben fortan von Grund auf ändern würde.

In der Regel hielt sich meine Mutter eine Woche lang an die Ratschläge der Magazine, bis sie zu Getränkeuntersetzern degradiert wurden und schließlich im Papiermüll landeten. Einmal, in der Grundschule, fand ich sogar anstatt meines Pausenbrots ein Magazin mit dem Titel *Bauch, Beine, Po!* in meinem Rucksack. Meine Mutter beteuerte, dass es sich um ein Versehen handelte, doch ich konnte nicht anders, als diese Aktion als dünn verschleierte Kritik an meiner Fitness zu sehen.

Mehr als 15 Jahre später muss ich mir eingestehen: Ich bin genau wie meine Mutter geworden. Alle paar Monate werden neue, trendige Koch- und Selbsthilfebücher an meine Haustür geliefert und ich bin mir sicher, dass sie mein Leben von Grund auf ändern werden. »Das ist fantastisch!«, sage ich mit einem Buch namens *111 Grüne Smoothies* in der Hand zu meinem Freund Dominik, und schwinge es in der Luft, als handle es sich dabei um die *Heilige Schrift*.

Dominik bleibt gänzlich unbeeindruckt, da er diese drastischen Sinneswandel bereits von mir kennt: Eine Woche zuvor wollte ich noch Oreo-Kekse frittieren und sie in Erdnussbutter dippen und jetzt bin ich davon überzeugt, dass Fruchtsäfte das Maß aller Dinge sind. Aber ich versichere ihm, dass ich es dieses Mal ernst meine. »Dieses Mal«, so sage ich laut – mehr zu mir selbst als zu ihm –, »wird wirklich alles anders und mein Leben von Grund auf besser!«

Wer hat eigentlich je behauptet, dass wir so abgrundtief schlecht leben? Ich wohne in einer einigermaßen sauberen Wohnung, habe laut meiner Hausärztin mein Idealgewicht, verfüge über halbwegs normale Blutwerte und ernähre mich nicht unbedingt schlecht. Doch Magazine, Instagram und nicht zuletzt Gwyneth Paltrow geben mir das Gefühl, ich wäre der »Vorher«-Fall aus einer Fitnessreportage im Nachmittagsprogramm: ein absolutes Ekel-Paket, das auf einer Müllhalde wohnt und sich vorwiegend von Snickers ernährt, weil es glaubt, dass die darin enthaltenen Nüsse gesund sind.

Wenn ich beschließe, mein Leben zu verbessern, mache ich keine halben Sachen. Ich setze mir nicht etwa realistische Ziele, wie zum Beispiel täglich 10.000

Schritte zu gehen, um meine Körperaktivität zu steigern. Stattdessen ändere ich, Cold-Turkey-Style, absolut alles an meiner Person: Ich ernähre mich gesund, betreibe regelmäßig Sport, verzichte auf Alkohol und verbanne Sätze wie »Herr Ober, dürfte ich die Pommes auch mit zerschmolzenem Käse obendrauf haben?« aus meinem regelmäßigen Sprachgebrauch.

Würde ich mir selbst in den Folgetagen auf der Straße begegnen, so würde ich mich wohl nicht wiedererkennen. Das hat weniger mit meiner rapide abnehmenden Sehkraft zu tun oder der Tatsache, dass ich generell keine Passanten auf der Straße beachte, sondern vielmehr damit, dass ich fortan ein völlig neuer Mensch bin. Michael 2.0, wenn man so möchte. Vorüber sind die Tage, an denen ich um elf Uhr vormittags verkatert aus meinem Bett krieche und noch vor dem Zähneputzen die Schnellwahltaste »eins« auf meinem Handy drücke, um mir beim Lieferservice meines Vertrauens Pad Thai und ein Konterbier zu bestellen.

Bereits um 6 Uhr 30 springe ich nun stattdessen aus meinem Schlafgemach und bereite mir einen gesunden Smoothie zu, an dem ich während meiner Meditationseinheit sinnlich nippe. »Hallo, Darlings!«, trällere ich später selbstgefällig meinen Freunden zu, während ich in Yoga-Pants die Straße entlangjogge. »Ich bin es – Michael! Vielleicht habt ihr mich nicht gleich erkannt, weil ich jetzt NEU und BESSER bin!« Ich untermale meine Aussage, indem ich mit meiner Hand problemlos und ohne zu keuchen meinen Fuß berühre.

Nun bin ich ein Teil der Selbstverbesserungsmaschine und möchte, dass meine Mitmenschen sich meinetwegen so schlecht fühlen, wie ich es einst aufgrund von »Clean Eating«-Instagram-Profilen getan habe. Kaum ein Tag vergeht, an dem ich nicht meinen persönlichen Jogging-Fortschritt mit dem Kommentar »No excuses!« auf Facebook poste oder versuche, in Unterhaltungen auf subtile Weise das Thema »Gerstengraspulver« anzusteuern.

Das Problem an diesen Lifestyle-Änderungen, wie sie uns in den Medien gerne empfohlen werden, ist leider, dass sie auf Dauer nicht sonderlich realistisch sind: Klar ist es möglich, »Fit mit FUN in nur 10 Tagen« zu werden oder eine Woche lang nur kaltgepresste Säfte zu trinken und sich einzureden, dass einem feste Nahrung überhaupt nicht fehlt, aber aus folgenden Gründen ist es mir unmöglich, diese Selbstverbesserungstipps für länger als einen limitierten Zeitraum durchzusetzen:

Ich habe tatsächlich Dinge zu tun
Natürlich kann ich mir vornehmen, fortan ausschließlich meinen eigenen Humus zu machen, und darauf bestehen, dass selbstgemahlene Mandelmilch tausendmal besser schmeckt als jene aus dem Biomarkt, über die ich nur abfällig meine Nase rümpfen kann, aber spätestens nach zwei Wochen wird mir klar: Okay, ich habe tatsächlich Dinge auf meiner To-do-Liste, die wichtiger sind als Clean Eating und zeitaufwändige DIY-Projekte.

Ich bin nicht reich

Ich habe einmal eine Woche lang nach einer Diät von Gwyneth Paltrow gelebt und dabei mehr Geld für Lebensmittel ausgegeben als für mein Fahrrad. Zwar haben mir die Leute erklärt, dass dieses Geld eine »einmalige Investition« sei, da ich mit den erworbenen Lebensmitteln nun monatelang kochen könne, aber ein Leben, in dem Dinkelkleie eine wiederkehrende Rolle spielt, möchte ich nun wirklich nicht führen.

Ich will, dass die Leute mich weiterhin mögen

Meine Freunde wissen an mir zu schätzen, dass ich unternehmungslustig (nicht spontan) und authentisch bin. Würde ich plötzlich vorgeben, Yoga zu lieben und ein Leben lang auf Zucker verzichten zu wollen, wäre das ähnlich abwegig wie die Staffel von *Tom und Jerry*, in der die beiden auf einmal miteinander befreundet sind. Wir können uns einreden, dass es witzig sein kann, mit unseren Freunden in einer Bar zu sitzen und an heißem Wasser mit Zitrone zu nippen, während alle anderen Shots kippen, aber es wäre eine Lüge.

Also kommt es, wie es kommen muss: Nach nicht mal einem Monat der Selbstverbesserung entdecke ich, dass das Einzige, was sich besser anfühlt, als ein komplettes Workout hinter sich zu bringen, das Gefühl ist, erst gar kein Workout anfangen zu müssen. Mein Bett und der Mann vom Lieferservice werden wieder meine besten Freunde. Ich trage meine Yoga-Pants ausschließlich zum

Schlafen und fange an, Cocktails in meinem Smoothie-Mixer zuzubereiten.

Vielleicht sage ich es nur, damit ich mich selbst ein bisschen besser fühle, oder vielleicht sage ich es, weil ich tatsächlich davon überzeugt bin: Selbstverbesserung ist Humbug. Nicht nur Magazine und das Fernsehen, sondern auch Blogger und Instagram-Persönlichkeiten spielen mit unseren Unsicherheiten. Wer würde schon ein Lifestyle-Heft mit der Schlagzeile »Bleiben Sie einfach so, wie Sie sind!« kaufen?

Genauso wenig würde ich einen Blogger oder eine Instagrammerin anhimmeln, wenn das Leben dieser Person genauso aussehen würde wie mein eigenes. Aber der Schein trügt! Einmal wurde ich in das Zuhause einer Bloggerin eingeladen, die ich sehr bewunderte. Auf Fotos sah ihre Wohnung so aus, als wäre sie von Vorzeigehausfrau Martha Stewart höchstpersönlich eingerichtet worden, doch als ich durch die Tür kam, erwartete mich ein Anblick, der mehr meiner eigenen Wohnung nach einem besonders wilden Wochenende nahekam.

Leere Flaschen standen am Tresen, den Boden zierte eine dicke Staubschicht, und meine neue Freundin begrüßte mich mit den Worten: »Bitte entschuldige, in der Küche schimmelt es ein bisschen!« Nur ansatzweise nahm ich in vereinzelten Ecken die Wohnung wahr, die ich im Internet bestaunt hatte, und es fühlte sich ein bisschen an wie ein besonders schlechtes Online-Date, bei dem das Gegenüber nur mit zugekniffenen Augen so aussieht wie sein Profilbild.

Ein anderes Mal traf ich eine bekannte Instagrammerin zum Essen und achtete darauf, ein Lokal auszuwählen, das unter anderem auch vegane Gerichte anbot, da sie diese Ernährung auf ihrem Profil mit etlichen Hashtags besonders betonte. Doch sobald sie sich mir gegenüber eingefunden hatte, bestellte meine neue Freundin prompt ein Wiener Schnitzel. »Ich dachte, du ernährst dich vegan?«, sagte ich ehrlich verblüfft, doch wurde schnell eines Besseren belehrt.

»Ich poste zwar Fotos von veganem Essen«, korrigierte mich meine Kumpanin, »aber manchmal ist so ein Schnitzel schon was Feines!«

Ihr seht also: Nicht mal Menschen, die andere zur Selbstverbesserung anregen und aufzeigen, wie ein schöneres, besseres und gesünderes Leben aussehen könnte, halten sich immer an ihre Vorschriften. Vermutlich deswegen, weil es – wie bereits erwähnt – fürchterlich anstrengend und langweilig wäre. Lasst uns also alle ein bisschen weniger selbstkritisch durch die Welt gehen. Wir sind nicht wirklich so eklig, wie wir uns oft fühlen sollen. Was gibt es also zu verbessern? Ich denke, wir sind alle ziemlich okay so, wie wir sind.

Buchingers Goldene Regeln

Erkenne dich selbst Es kann nicht schaden, ab und an Verbesserungen am eigenen Lebensstil vorzunehmen, aber mach dir nichts vor, indem du dir einredest, »von nun an *für immer*« etwas zu tun. In der Regel bedeutet »für immer« nämlich »zwei Wochen lang« oder »bis es mir zu langweilig wird«.

Sei nicht arrogant Nur, weil du Yoga und Meditation für dich entdeckt hast und deine Urlaube gerne im Ashram verbringst, gibt dir das nicht das Recht, auf Leute herabzuschauen, die diesen Lebensstil nicht ganz so reizvoll finden. Während du *Eat Pray Love* nachspielst, widme ich mich meinem eigenen Projekt namens *Eat Eat Eat*.

Bleib so, wie du bist Auch eine super Option, die sich in den meisten Fällen sogar für immer umsetzen lässt!

Und was machst du
so beruflich?

Mein Toleranzlevel für Stress ist sehr niedrig. Wenn ich im Supermarkt bin und einen Anruf bekomme, auf den ich mich konzentrieren muss, reicht das schon, um mich völlig aus dem Konzept zu bringen. Unvermeidlich kehre ich an diesem Tag mit fünf Dosen Katzenfutter von meinem Einkauf zurück und das, obwohl ich gar keine Katze besitze. Ich bin einfach nicht multitasking-fähig.

Noch geringer ist meine Toleranz für Leute, die mir das Gefühl geben, dass ich in Zeiten der Belastung trotz sich langsam bildender Stresspusteln auf meiner Haut genauso unproduktiv bin wie ein Koalababy im Zoo. Schon während meiner Zeit an der Uni bin ich oft mit solchen Menschen in Kontakt gekommen.

Ich habe einen Bachelor in English and American Studies gemacht, was, rückblickend betrachtet, eine dicke, fette Zeitverschwendung war. Meine Mitmenschen sind immer irrsinnig verwirrt, dass ich nicht auf Lehramt studiert habe, und fragen: »Und was macht man damit?« Sie halten das für so absurd, als hätte man ein Haus ohne Türen gekauft. Es lässt ihnen keine Ruhe.

Zumindest hat man nach einem solchen Studium relativ viele FunFacts über die englische Sprache und Kultur im Ärmel und kann sie im passenden Moment in Unterhaltungen einbauen. Etwa könnte ich auf einer Dinner-Party sehr viele pikante Anekdoten über Edgar Allan Poe zum Besten geben oder heimlich die Gespräche der anderen Gäste in Lautschrift transkribieren. Vielleicht werde ich deswegen so selten auf Dinner-Partys eingeladen.

Jedenfalls war es an der Uni äußerst unüblich, »nur« ein Fach zu studieren, und andere Studenten ließen mich dies in regelmäßigen Abständen wissen. »Was studierst du denn alles?«, fragten sie mich gerne in Momenten, in denen unser Small Talk in der Mensa neue Tiefen erreicht hatte. »Englisch«, antwortete ich, und ihre Augen weiteten sich interessiert. Ohne zu blinzeln, starrten sie mich an, als würde mein Schweigen nicht bedeuten, dass meine Antwort abgeschlossen war, sondern dass ich einfach sehr lange brauchte, bis mir einfiel, was ich sonst noch alles studierte.

»Nur Englisch???«, fragten sie dann ungläubig wie diese eine McDonald's-Mitarbeiterin, die es nie fassen kann, wenn ich nur eine kleine Portion Pommes bestelle.

Ich bejahte. Und dann kam unvermeidlich diese eine Aussage, die ich am meisten hasse: »Wow, nur ein Studienfach. Ich wüsste gar nicht, was ich mit so viel Zeit überhaupt anfangen sollte!«

Ein verbaler Schlag ins Gesicht, nach dem ich mich nur knapp davon abhalten konnte, wütend Feuer zu speien.

Ich finde es sehr frech, wenn Leute einem auf diese Weise ein schlechtes Gewissen bereiten. Was haben sie davon, andere Menschen zu belächeln, weil ihr Leben nicht randvoll mit To-dos und Powerpoint-Präsentationen ist? Seit wann sind diese Dinge ein Maß für Lebensqualität? Ich kann nur für mich selbst sprechen, aber ich werde (hoffentlich) nicht auf meinem Sterbebett liegen und sagen: »Ich wünschte, ich hätte bei meiner Powerpoint über die Tudors hübschere Übergänge verwendet.«

Trotzdem fühle ich mich automatisch schlecht, weil ich nicht drei Fächer gleichzeitig studiert habe, nebenbei eine Ausbildung zum Yoga-Lehrer absolviert und auch nicht mal im Entferntesten daran gedacht habe, nach der Schule ein Jahr Work & Travel in Australien zu machen. Nach dem Abitur habe ich ein Jahr lang *nichts* gemacht, möge sich das mal einer vorstellen!

Vielleicht bin ich langsam, ein schlechter Lerner oder habe an Tankstellen ein paarmal zu tief eingeatmet, aber die Wahrheit ist, dass ich schon mit einem Fach maßlos überfordert war. Hatte ich zwei Abgabefristen in einer Woche, kaute ich mir sofort sämtliche Fingernägel ab und inhalierte daraufhin eine gesamte Packung Zigaretten auf einmal, während ich an meine »Freundin« aus der Mensa mit den drei Fächern und dem Yoga dachte und hoffte, dass ihr bei dem nächsten stehenden Spagat ein Furz entfährt.

Man möchte meinen, ich wäre mit der Uni auch diese nervigen Leute losgeworden, die mir ein schlechtes Gewissen für meine vermeintliche Unproduktivität bereiteten, doch man würde gänzlich falsch liegen. Denn nachdem ich mehr schlecht als recht meinen Bachelor in Englisch absolviert hatte, machte ich mich als YouTuber und Blogger selbständig. Und das ist eine Tätigkeit, die meine Mitmenschen in etwa so ernst nehmen, als würde ich ihnen sagen, dass ich hauptberuflich Seifenblasen puste.

»Was machst du eigentlich den ganzen Tag?«, fragen sie mich nun häufiger als je zuvor, nachdem ich ihnen erklärt habe, dass ich von zu Hause arbeite. Vielleicht meinen sie es gar nicht böse, aber diese Fragestellung ist eigenartig und ihre Augenbrauen zucken dabei manchmal so nervös wie meine, wenn ich viel mit Leuten zu tun habe, die dünner sind als ich. Ich weiß wirklich nicht, welchen Teil von »von zu Hause arbeiten« sie nicht verstanden haben.

Also schildere ich ihnen im Detail, dass ich den Großteil des Tages zu Hause verbringe und Texte schreibe oder YouTube-Videos produziere, und hoffe, irgendwie zu vermitteln, dass das auch ganz schön anstrengend sein kann. Doch oft bekomme ich das Gefühl, meine Mitmenschen stellen sich vor, wie ich den ganzen Tag lang im Pyjama im Bett sitze, Zigaretten mit Spitze rauche und schillernde Broschen vom Home-Shopping-Kanal bestelle.

Als Österreicher bin ich jedoch quasi bereits mit einem Weinglas und jeder Menge Expertise im Meckern auf die Welt gekommen, und so erkläre ich meinem

Gegenüber im nächsten Schritt unserer Unterhaltung gerne die vielen Nachteile des Zu-Hause-Arbeitens (obwohl ich es natürlich eigentlich ziemlich toll finde):

Es fällt mir schwer, abzuschalten

Ohne feste Arbeitszeiten bin ich sehr flexibel – das führt aber auch dazu, dass ich manchmal am Sonntag um drei Uhr morgens Videos schneide und dabei versuche, mich an meine letzte Dusche zu erinnern.

Mein Lebenslauf passt auf eine Seite

Mein Lebenslauf ist leerer als mein Freundschaftsbuch in der Grundschule. Alles, was ich über traditionelle Arbeit weiß, habe ich aus dem Dolly-Parton-Song »9 to 5« gelernt, und das ist wohl kaum eine gültige Referenz. Ich kann nicht mal Praktika vorweisen, da meine Eltern jeden Sommer zu mir sagten: »Michael, Ferien sind da, um *genossen* zu werden! Du wirst doch nicht arbeiten gehen!«

Mein Gehalt schwankt bedrohlich

Mein Konto ist wie eine Schachtel Pralinen: Man weiß nie, was man kriegt – abgesehen von Bauchschmerzen. Je nach Auftragslage – und abhängig davon, wie interessant die Menschen meine Inhalte im jeweiligen Monat fanden – sind meine Einnahmen völlig unterschiedlich, und ich kann meine Finanzen selten im Voraus planen. Mein Kontostand ist demnach unberechenbarer als ich nach einer Aspirin und einem Glas Wein.

Ich prokrastiniere sehr viel

Selten habe ich so stark das Bedürfnis, meine Fenster zu putzen, wie wenn ich eigentlich einen Text abgeben müsste. So widme ich mich meiner Wohnung mit so viel Gusto, als wäre ich Tine Wittler, die gerade einen Messie-Haushalt stürmt, anstatt zu schreiben.

Die Leute sind verwirrt

Bis zum heutigen Tag denkt meine Großmutter, ich hätte einen Job »beim Funk und Fernsehen«. Manchmal erzähle ich neugierigen Taxifahrern einfach, dass ich Englisch studiert habe (stimmt) und jetzt Englisch-Lehrer bin (gelogen), da ich es sehr schwierig finde, meinen Job zu erklären.

Und abgesehen davon gibt es da natürlich die bereits erwähnten Menschen, die darauf bestehen, dass ich nicht wirklich arbeite und stattdessen zu Hause einfach nur ab und zu meine Alkoholsucht unterbreche, um ein paar Texte und Videos rauszuhauen. Wie bei so vielen Dingen, die mich maßlos aufregen (wie wenn jemand behauptet, dass meine Augen nicht gleich groß seien), stört mich vor allem, dass ich sie selbst irgendwann für wahr halte.

Wenn die Leute mir also vorwerfen, dass ich nicht produktiv genug bin, werde ich wütend, weil ich selbst manchmal finde, dass ich um einiges produktiver sein könnte. So passiert es dann, dass ich mich von Zeit zu Zeit für mehrere Wochen in einen Spaß hassenden

Arbeitsroboter verwandle, dessen einzige Freude darin besteht, Punkte auf seiner To-do-Liste abzuhaken.

Eines ereignislosen Sommers, als die meisten meiner Freunde mit ihren jeweiligen Jobs oder Praktika beschäftigt waren und partout keine Zeit für mich hatten, beschloss ich kurzerhand, ebenfalls einen Gang höher zu schalten und zu sämtlichen sich mir offenbarenden Jobangeboten einfach »Ja!« zu sagen.

Schon eine Woche später bahnte ich mir den Weg in ein Café, um meine ehemalige Studienkollegin Sarah zu treffen und sie mit Anekdoten aus meinem neuen, produktiven Leben zuzumüllen. Sarah war im Studium genauso gelassen wie ich gewesen und lebte nach dem Motto »Was du heute kannst besorgen, das verschiebe auf in ein paar Wochen«.

Noch bevor wir uns überhaupt richtig begrüßt hatten, leitete ich theatralisch meinen Monolog ein. »Rate mal, was mein neuer Job ist?«, fragte ich und ließ Sarah keine Gelegenheit zu antworten, wie es einst auch meine übermotivierten Studienkollegen taten.

»Schauspieler!«, platzte es aus mir heraus, und ich knallte mit der Hand auf den Tisch, um meiner Aussage dieses gewisse Etwas zu verleihen. Sarah sah so ungläubig drein, als hätte sie gerade erfahren, dass Courtney Love eine Karriere als Astronautin anstrebte.

Wenige Tage zuvor hatte mir eine Filmregisseurin geschrieben, die meine Videos kannte und mich »sympathisch« fand. Ihre logische Schlussfolgerung daraus war, dass ich auch ein toller Schauspieler sein musste, was –

unter uns – nicht stimmt, da mir nicht mal meine Hausärztin glaubt, wenn ich ihr sage, dass ich »nur gelegentlich« Alkohol trinke.

Gewillt, unter Beweis zu stellen, dass auch ich einen Sommer voller Arbeit, Anstrengung und Pflichtbewusstsein haben konnte, hatte ich kurzerhand zugesagt.

Doch damit nicht genug: Diesen Sommer, so erklärte ich Sarah, würde ich auch eine neue wöchentliche Kolumne für ein Online-Magazin schreiben und anstatt meiner üblichen zwei, ganze drei Videos die Woche auf meinen YouTube-Kanal hochladen. Sarah, die bisher nicht wirklich zu Wort gekommen war, musterte mich kritisch.

»Also ich weiß nicht, Michael, mutest du dir da nicht gar ein bisschen viel zu? Wir alle wissen, dass du nicht so gut mit Stress umgehen kannst«, sagte sie, vermutlich in Erinnerung an jenen Tag, an dem ich mit all diesem Katzenfutter aus dem Supermarkt nach Hause gekommen war.

»Ach was!«, entgegnete ich abweisend. »All meine Freunde sind diesen Sommer superbeschäftigt. Wenn sie dem Stress standhalten können, kann ich das auch!«

Spoiler alert: Ich konnte dem Stress nicht standhalten. Nach drei Wochen voller Schauspiel, Videodreh und Schreiberei reichte es, wenn ein Kellner mir erklärte, dass das vegetarische Menü »leider bereits aus« sei, um mich zum Weinen zu bringen. Nach einer weiteren Woche entdeckte ich einen merkwürdigen Ausschlag entlang meines Halses, welcher derart groß war, dass er ohne Zweifel einen »Special Guest: Michis Ausschlag«-Credit in meinem Film verdiente.

Wie bei jeder guten Hautirritation machte ich Fotos davon und schickte sie zur Diagnose an all meine Freunde, deren Reaktionen von »Michael, ich esse gerade!!« bis hin zu »Ich denke, das sind Milben, die unter deiner Haut leben!« reichten. Mit diesem Feedback eilte ich unter Missachtung sämtlicher Verkehrsregeln zu meiner Hautärztin, wo man mir erklärte, der nächste freie Termin wäre in einem Monat. Als ich spontan meinen Hals entblößte, kam ich dann doch sofort dran.

»Haben Sie in letzter Zeit viel Stress gehabt?«, fragte mich die Ärztin. »Oder Ihr Leben drastisch geändert?«

Oder versucht, Ihren Mitmenschen zu beweisen, dass Sie ebenfalls einen produktiven Sommer haben können?, dachte ich mir, nickte aber stattdessen nur.

»Dann ist das mit ziemlicher Sicherheit eine Gürtelrose«, erklärte mir die Ärztin nüchtern.

Ähnlich wie eine Beratung von Star-Astrologin Gerda Rogers gehört eine Gürtelrose zu jenen Dingen, die sich im ersten Moment total gut anhören, aber eigentlich relativ anstrengend sind. Was nämlich wie ein schrilles Accessoire für den Gürtel klingt, ist leider eine Form von Herpes, die bei Stress auftreten kann. Ich konnte mich gerade noch davon abhalten, aus der Praxis und direkt in die Wohnungen all jener Leute zu sprinten, die mir je ob meines Studiums oder meines Jobs Faulheit vorgeworfen haben.

»Seht ihr«, würde ich sagen, »das passiert, wenn ihr

Leuten wie mir einredet, dass sie nicht produktiv genug sind!«, und dann lasziv meinen Rollkragen nach unten schieben.

Meine besorgte Ärztin riet mir stattdessen, mich eine Woche lang zu entspannen und absolut nichts zu tun. Das kam mir gerade recht, und für einen Moment spielte ich mit dem Gedanken, sie dankbar auf den Mund zu küssen, entschied mich aber kurzerhand dagegen.

Vor unserer Verabschiedung riet sie mir außerdem, viel zu trinken. »Das tue ich ohnehin«, wollte ich schon mit einem Augenzwinkern und dem Schnalzen meiner Zunge entgegnen, aber meine Ärztin durchschaute mich. »Trinken Sie viel *Wasser*«, ergänzte sie sicherheitshalber. Oh.

Die Moral dieser Geschichte ist wohl, dass es eine fürchterliche Idee ist, sich mit anderen Menschen zu vergleichen. Wenn mir Freunde und Bekannte sagen, dass sie extrem ambitioniert im Job sind und sich daher gar nicht ausmalen können, wie langweilig es sein muss, von zu Hause zu arbeiten, könnte ich mir auch einfach denken »Wow, cool für dich!«, anstatt mich in ein blutrünstiges Monster zu verwandeln.

Manche Leute kommen vielleicht ganz gut damit klar, ihrem Fünfjahresplan im Detail zu folgen, drei Fächer auf einmal zu studieren oder in ihrer Freizeit nachhaltige Mode zu entwerfen, und reden sehr gerne darüber. Aber ich? Ich bekomme nur Ausschlag davon.

Buchingers Goldene Regeln

Vergleiche dich nicht mit anderen Das ist der Rat, den ich mit Abstand am häufigsten gebe und an den ich mich mit Abstand am wenigsten halte, zumal es schwierig ist, sich nicht mit Leuten zu vergleichen, die dich quasi dazu einladen. Aber ich gebe mein Bestes.

Überanstrenge dich nicht Schon zu Unizeiten war meine Priorität, selbst an arbeitsintensiven Tagen eine Stunde Zeit für mich zu finden, die ich mit Vorliebe mit meinen zwei größten Schwächen verbrachte: Wein und trashigen Reality-Shows. Ich bin sicher, dass diese Balance mich davon abgehalten hat, einen Faustkampf in der Mensa anzuzetteln.

Mein erstes Dickpic

Wann ist es eigentlich populär geworden, Bilder von seinem Intimbereich zu teilen? Ähnlich wie Hoverboards oder *Pretty Little Liars* ist auch dieser Trend gänzlich an mir vorübergegangen und verwirrt mich zutiefst. Oft beobachtete ich meine Freunde dabei, wie sie sich kichernd zu dritt über ein Handy beugten und wild diskutierten. Worüber?, fragte ich mich. Flitzte die bitterböse Salmonella De Latrache aus *Pretty Little Liars* schon wieder auf einem Hoverboard durch die Stadt und verbreitete Lügen? Nein. Wie ich schon bald herausfinden sollte, kicherten sie, weil ihnen ein Penisbild (das junge, coole Kids gerne als »Dickpic« bezeichnen) geschickt worden war.

Meine damalige Meinung zu diesem Phänomen war klar: Nacktbilder sind wie Torte! Man kann sich nicht daran sattsehen, und sie sind super für zwischendurch! Außerdem stellte ich es mir lustig vor, diese Bilder zu sammeln und mit Freunden zu tauschen, in nostalgischer Erinnerung an die Sticker-Alben unserer Kindheit. Dennoch schaute meine Freundin Tamara, die solche Bilder anzuziehen schien, immer so schockiert drein, als hätte sie gerade eine Leiche im Wald entdeckt, wenn sie unfreiwillig solch ein Bild erhielt.

Eines heiteren Tages, als gerade das jüngste Dickpic aus Tamaras Inbox inspiziert wurde, brachte ich mich in das Gespräch ein: »Was ist denn so schlimm daran, ein Dickpic zu bekommen?«, fragte ich ehrlich interessiert. »Ist das nicht der absolute Gipfel der Zuneigung und ein klares Anzeichen dafür, dass die andere Person einen mag?«, hakte ich weiter nach. Ich wollte unbedingt mehr über dieses Phänomen erfahren und kam mir dabei vor wie die Dr. Jane Goodall der Penisbilder. Tamara machte einen Gesichtsausdruck, als würde sie überlegen, wie sie mir am schnellsten die Freundschaft kündigen konnte.

»Nein Michael, so ist das nicht …«, erklärte sie mir dann. »Solche Bilder zu bekommen, ist definitiv kein Spaß! Man denkt, man hätte endlich jemand Nettes kennengelernt, und dann schickt er einem aus heiterem Himmel ein Bild von seinem Intimbereich. Es wird dich schon auch noch treffen«, prophezeite Tamara, »und es wird nicht schön sein! Aber du kannst das nicht verstehen, weil du noch nie eins bekommen hast!«, setzte sie nach.

Tamara hatte recht: Obwohl ich zu diesem Zeitpunkt Single war und regelmäßig datete, war keiner meiner Liebhaber je auf die Idee gekommen, mir ein Dickpic zu schicken. Auch, wenn meine Freunde meinten, dass es kein erstrebenswertes Erlebnis gewesen sei, konnte ich nicht anders, als mich ein bisschen beleidigt zu fühlen. Was musste ich bloß tun, um ein Selfie von »da unten« zu bekommen? Beim nächsten Date ein Picknick veranstalten und von einem Doppeldecker »Bitte schick mir ein Dickpic!« in den Himmel schreiben lassen? Nein. Viel zu teuer. So blieb ich monatelang ohne Dickpic und fühlte mich dabei wie das Kind in der Schule, das beim Sport als Letztes gewählt wurde (das ich übrigens war. Surprise, surprise!).

Mehrere Monate später hatte ich meine Misere (ähnlich wie die meisten meiner Probleme und Haustiere) bereits vollkommen vergessen, als mich Tamaras Prophezeiung einholte. Zu diesem Zeitpunkt befand ich mich in einem stets harmlosen und äußerst jugendfreien Chat mit Fabian, einem alten Bekannten, der laut eigenen Angaben großer Fan meiner Social-Media-Präsenz war. (Wer kann es ihm verübeln? Ich bin ja auch absolut köstlich und bereichere das World Wide Web mit einem Schenkelklopfer nach dem nächsten!) Oft schrieb er mir Nachrichten über die Direct-Message-Funktion von Instagram, die – wie ich später erfahren sollte – fast ausschließlich von Lustmolchen und Drogendealern verwendet wird.

Ich lümmelte gerade auf meinem Sofa, sah fern und naschte Dörrpflaumen, als mein Handy vibrierte und eine neue Nachricht von Fabian anzeigte. Per Privatnachricht ließ er mich wissen, wie sehr ihm mein neues Instagram-Bild gefiel. Nicht zuletzt, wie er mir erklärte, da auf diesem Foto klar und deutlich eine »beachtliche Beule« im Schritt zu sehen war. Diese ohnehin schon merkwürdige Aussage erreichte mit Hilfe des »Katze mit Herzen in den Augen«-Emojis ein neues Level der Gruseligkeit. Ich rollte so intensiv mit den Augen, dass ich für einen Moment lang Angst hatte, sie würden für immer stecken bleiben.

Nur ungern wollte ich Fabians Seifenblase zerplatzen lassen und so verschwieg ich ihm, dass die »Beule«, die er so bezaubernd fand, einfach nur eine Bügelfalte war. Es amüsierte mich, dass meine Instagram-Bekanntschaft meine schlampige Bügelarbeit erregend fand. Was würde erst passieren, wenn er mein dreckiges Waschbecken sah?

Ich dachte mir nicht viel dabei und antwortete, frech wie ich bin, einfach mit dem Emoji der lackierten Nägel, um anzudeuten, dass ich keine Zeit für diesen infantilen Nonsens hatte. Immerhin lief gerade ein *Golden Girls*-Marathon im Fernsehen.

Das hinderte Fabian nicht daran, mir wenige Momente später eine weitere Nachricht zu schicken, die ich nur zögerlich öffnete. Was nun?, dachte ich mir, während Rose, mein liebstes Golden Girl, gerade anfing, eine elendig lange Geschichte aus ihrem Heimatort Sankt Olaf zu erzählen. Doch die Stimmen der rüstigen Rentner aus Miami verblassten um mich, als ich sah, was Fabian mir geschickt hatte. Da war es: ein Ding, bei dem es sich *definitiv nicht* um eine Bügelfalte handelte. Vor Schock purzelten gleich ein paar Dörrpflaumen aus meinem Mund.

In diesem Moment fühlte ich viele Emotionen auf einmal, und keine von ihnen war der Instinkt, einen triumphalen Dickpic-Tanz aufzuführen, wie ich es mir immer ausgemalt hatte. Ich konnte mich gerade noch davon abhalten, mein Handy einem reinigenden Bad aus Desinfektionsgel und Weihwasser zu unterziehen. Endlich verstand ich, was Tamara und meine übrigen Freunde meinten: Es war ganz und gar nicht toll, unaufgefordert ein Nacktbild zu erhalten. Ich fühlte mich in der Tat, als hätte ich gerade eine Leiche gesehen. Eine Leiche, die nur ein Auge hatte und einen merkwürdigen hautfarbenen Rollkragenpullover trug.

Mein iPhone – das Zuhause von süßen Katzenfotos und der gesamten Taylor-Swift-Diskographie – hatte sich in ein schmuddeliges Porno-Paradies verwandelt; eine Tatsache, die mich äußerst paranoid stimmte. Mein Handy schien förmlich zu schreien: »DICKS! DICKS! DICKS!«

Vor allem aber fand ich es respektlos, dass Fabian es einfach für okay hielt, mir ungebeten seinen Penis zu schicken. Würde er auch, wenn ich mich mit ihm gerade in der U-Bahn unterhielt, einfach sein Geschlechtsteil herausnehmen und den Song »Whoomp! (There It Is)« anstimmen? Nein, vermutlich nicht. Dennoch halten es viel zu viele Menschen – insbesondere Männer – für eine gute Idee, Bilder ihrer Penisse wild durch das World Wide Web zu schicken. Ist ein solches Foto dadurch nicht irgendwie das moderne Äquivalent eines Exhibitionisten in der U-Bahn?

Ich las unseren Chatverlauf erneut, um festzustellen, ob er in irgendeiner Weise erotisch zu deuten war. Rückblickend betrachtet, hatte mich Fabian tatsächlich überraschend oft gefragt, was ich gerade anhatte, aber ich dachte mir, dass er einfach extrem an mir und meinem ausgefallenen Modestil interessiert war. Aus diesem Grund hatte ich immer mit einer detailgetreuen Beschreibung meines Outfits geantwortet (»Aaaaalso: Meine Sonnenbrille ist von Ray Ban, mein T-Shirt von Zara …«). Ich Idiot.

Nun galt es aber erst mal, auf dieses unverhoffte Geschenk zu reagieren. Aber wie? Fragen über Fragen machten sich in meinem Kopf breit. Gibt es einen Knigge für den Empfang von Nacktbildern? Was würde Martha Stewart tun? Musste ich Fabian nun ein handverfasstes Dankesschreiben zukommen lassen?

Aber mal im Ernst: Was erhoffen sich die Versender von Nacktbildern eigentlich? Dass ein Bild ihres besten Stücks den gleichen Effekt hat wie Bilder von Gerichten in Speisekarten und die Empfänger sich denken: »Oh Mann! Darauf habe ich ja jetzt *meeeega* Lust!!«? Oder vielleicht wollen sie, dass man ihnen ein Bild zurückschickt und so einfach Geschlechtsverkehr über eine App hat. Sollte ich ihm nach vollendetem Akt ein Selfie von mir schicken, wie ich mir zufrieden lächelnd ein Käsebrot zubereite, wie ich es nach jedem Geschlechtsakt tue?

Mein größtes Problem ist wohl, dass ich – selbst wenn ich böse bin – immer höflich bleibe. So antwortete ich einfach: »Nett.« Aber ich möchte euch wissen lassen, dass es ein missbilligendes und von Augenrollen begleitetes »Nett« war, wie ich es mir sonst nur für Graffiti und ähnlichen Vandalismus aufhebe. Dann vergrub ich mein

Handy in der Sofaritze und naschte weiter mein Dörr-obst. Ich war eindeutig zu alt für diesen Nonsens.

Doch die Angelegenheit ließ mich nicht los. Am nächsten Tag betrat ich eiligen Schrittes, mit einem überdimensional großen Hut auf dem Haupt und einer Sonnenbrille auf der Nase, die meinen paranoiden Blick versteckte, mein Lieblingsrestaurant und bahnte mir den Weg zum Tisch meiner Freundin, wo ich prompt ein Glas Wein bestellte. Tamara warf mir einen besorgten Blick zu.

»Michael, ist alles okay bei dir?«, hakte sie schließlich nach. »Du siehst aus, als hättest du einen Geist gesehen!«

Sie lag nicht ganz falsch. »Na gut, wenn du es unbedingt wissen willst …«, leitete ich ein, so als hätte ich meine Erzählung dieser Geschichte nicht die ganze Nacht lang einstudiert. »Ich habe ein Dickpic bekommen!«, platzte es aus mir heraus, und ich erzählte den Vorfall so genau, als würde ich einem Polizisten gegenübersitzen.

Obwohl ich Mitgefühl und vielleicht ein paar Tipps für den korrekten Umgang mit solch einem traumatischen Ereignis erwartet hatte, fing Tamara einfach nur lauthals zu lachen an. Sie schlug sich sogar das ein oder andere Mal mit der offenen Hand auf ihren Oberschenkel, während sie über mich lachte. Wie unhöflich. Nachdem sie sich wieder gefangen, die ein oder andere Lachträne aus ihrem Gesicht gewischt und »Ich hab's dir doch gesagt!« gejault hatte, bot mir meine Freundin endlich einen halbwegs brauchbaren Rat an.

»Michael, du hast das Bild auf Instagram bekommen?«,

hakte sie nach, und ich bejahte. »Auf dieser Plattform rasten sie aus und sperren Leute, wenn auch nur irgendwo ansatzweise ein weiblicher Nippel zu sehen ist«, erklärte sie dann. »Du kannst Fabians Nachricht einfach melden, und sein Konto wird schneller gesperrt, als du ›Exhibitionismus‹ sagen kannst.«

Von dieser Option hatte ich, um ehrlich zu sein, noch nie etwas gehört, und sie schien mir auch ein bisschen drastisch. Immerhin hatte Fabian in seinem Feed mehrere Bilder eines Katzenbabys, das mehr als nur ein bisschen #cute war.

»Ich melde ständig Typen auf Instagram!«, berichtete Tamara dann. »Drei Männer haben schon wegen mir ihren Account verloren«, erläuterte sie stolz, so als wäre sie eine Detektivin, die schon mehrere Mörder zur Strecke gebracht hatte. »Wie dem auch sei. Erzähl mir mehr über diesen Penis. War das Bild mehr ein Close-up oder eine Aufnahme des gesamten Intimbereichs?«, hakte sie nach, bevor sie augenzwinkernd hinzufügte: »Ach ja: Willkommen im Club!«

Obwohl ich mich im Endeffekt dazu entschied, Fabian und seine Bügelfalte nicht der Instagram-Polizei zu melden, hat sich mein Standpunkt ob der jüngsten Ereignisse drastisch geändert: Unerwünschte Nacktbilder sind keineswegs ein riesiger Hochgenuss, sondern einfach nur geschmacklos und frech, und ähnlich wie es mir mit den meisten meiner ehemaligen Schulfreunde geht, möchte ich heute nichts mehr mit ihnen zu tun haben.

Das einzig Positive an diesem Szenario ist wohl, dass

ich dieses Phänomen nun endlich ein bisschen verstehe und genau weiß, warum meine Freunde stets so an-geekelt darauf reagieren. Wenn mir jetzt noch jemand erklären könnte, was so toll an Hoverboards und *Pretty Little Liars* ist, wäre ich sehr dankbar.

Buchingers Goldene Regeln

Widerstehe der Versuchung Nacktbilder verschicken ist so, als würdest du Tickets zu einem David-Hasselhoff-Konzert verschenken: Man muss sich schon sehr sicher sein, dass derjenige sie *wirklich, wirklich* will, um ihm nicht auf den Schlips zu treten.

Nein heißt nein und nicht, wie viele zu denken scheinen, »Oh ja, bitte mehr davon!«. Zusatztipp: Interagiert man mit zu höflichen Menschen wie mir, so kann »nett« manchmal auch »absolut ekelhaft« bedeuten.

Du hast die Macht Als Empfänger von Nacktbildern ist es möglich, den Absender zu melden und ihn, sollte es sich um einen Wiederholungstäter handeln, von der Platt-form zu verbannen, was sich – wie ich finde – ähnlich hart wie eine Freiheitsstrafe anhört.

Ich bin kein Mädchen,
ich kleide mich nur gern so

Ich könnte wohl ein ganzes Buch mit meiner Abneigung gegen Geschlechterrollen füllen. Fange ich an, über dieses Thema zu reden, so öffnet sich ein bodenloses Fass und die Situation wird ähnlich verhängnisvoll, wie wenn ein Veganer anfängt, über seine Ernährung zu berichten. Es gibt kein Entkommen. Nicht selten entschuldigen sich meine Mitmenschen dann, um auf die Toilette zu gehen, und kommen nie wieder zurück. Oder sie schmieden Pläne, mich langsam zu vergiften. Aus diesem Grund werde ich mich möglichst kurz halten.

Dunkle, wütende Gewitterwolken zogen letztens in meinem Kopf auf, als ich in einen Laden ging, um mir eine Fitness-DVD zu kaufen. In den Wochen zuvor hatte ich scheinbar mit dem Ziel gelebt, mein eigenes Körpergewicht in Donuts zu verspeisen, und war gewillt, ein Workout zu finden, mit dessen Hilfe ich wieder weniger wie die verzerrte Spiegelkabinett-Version meiner selbst aussehen konnte. Doch was ich in der (nebenbei sehr merkwürdig betitelten) »Fit for Fun!«-Abteilung fand, verschlug mir die Sprache.

Ich hatte die Wahl zwischen in Rosa und Pastell

gehaltenen DVDs mit Frauen auf dem Cover und Titeln wie *Heiße Kurven!* und *Sexy Bauch!*, oder aber schwarzen DVD-Hüllen, die muskulöse Männer beim Stemmen von Autoreifen zeigten und Titel wie *MUSCLE DRILL ULTIMATE EXTREME BURN WORKOUT* trugen. Bei dieser Auswahl entschied ich mich für die *Heiße Kurven!*-DVD, die am wenigsten wie ein Horrorfilm klang. Durch dieses 30-minütige Workout führte eine aufgedrehte Dame namens Tracy, die alle zwei Minuten »Jetzt geht's los, Mädels!« brüllte. Ich schmunzelte in meine Yoga-Matte.

Eigentlich war ich der Annahme, dass nur Kinderspielzeug von Gender-Marketing betroffen war. Jeder Ausflug in den Spielzeugladen fühlt sich für mich an wie eine Zeitreise in die 50er Jahre: Mädchen bekommen ein rosafarbenes Bügelbrett oder eine Spielzeugküche, und die Jungs dürfen Rennfahrer oder Feuerwehrmann spielen. Schon als Kind wusste ich diese Genderrollen zu durchbrechen: So gelang es mir, meine Eltern davon zu überzeugen, mir eine Barbie-Puppe zu kaufen, der ich prompt die Haare abrasierte und sie schwarz anmalte.

»Ihr Name ist Dorette und gemeinsam mit ihrer Lebenspartnerin Kendra betreibt sie eine Gokart-Rennbahn und lebt fernab von binären Genderrollen!«, erklärte ich damals bestimmt.

Doch damit nicht genug: Als ich 14 war, hielt ich es für eine gute Idee, mir die Haare schulterlang wachsen zu lassen. Gerne würde ich behaupten, dass dies eine bewusste Entscheidung war, um vorherrschende Geschlechterrollen in Frage zu stellen. Tatsächlich aber hatte ich einfach irrsinnig abstehende Ohren, die ich um jeden Preis verstecken wollte. So hatte ich schon bald längeres Haar als die meisten Mädchen in meiner Klasse.

Dabei hätten schon Haare, die bis zu den Ohren reichten, genügt, um in meinem ländlichen Heimatort für ähnlich große Verwirrung zu sorgen, als wären über Nacht mysteriöse Kornkreise aufgetaucht. Ich erinnere mich an einen besonders traumatischen Besuch in einem Restaurant, während dessen ich die Toilette aufsuchte. Gerade, als ich mir die Hände wusch, kam ein Mann zur Tür herein, sagte erschrocken: »Oh! Verzeihung!!«, und verschwand wieder. Ohne Zweifel hatte er erkannt, dass ich ein mächtiger und einflussreicher Teenager war, dem es gebührte, sämtliche Waschräume für sich allein zu haben.

Ereignisse wie diese frustrierten mich damals mehr, als dass sie mich amüsierten. Ich zählte die Tage, an denen ich nicht für eine Frau gehalten wurde, und setzte den Zähler auf null, wenn meine Mutter etwa darauf angesprochen wurde, welch eine artige Tochter sie doch habe. Der Rekord lag bei 14.

Ich führte diese unangenehmen Verwechslungen letztlich darauf zurück, dass ich ein ziemlich rundes Gesicht hatte, und fasste daher den Entschluss, endlich abzunehmen. Monatelanges Schwitzen auf dem Hometrainer führten allerdings nur dazu, dass die Leute fortan zu meiner Mutter sagten: »Frau Buchinger, Ihre Tochter hat aber ganz schön abgenommen!« Es half auch nicht, wenn ich meine damals bereits relativ tiefe Stimme ins Feld führte. »Oh, du hast aber eine tiefe Stimme für ein Mädchen! Rauchst du etwa schon, junge Dame?«

Es war hoffnungslos. So entschied ich mich dazu, die Geschlechterverwechslungen fortan mit Humor zu nehmen (das sollte dann auch meine künftige Strategie für so ziemlich alles werden). Was konnte ich denn dafür, dass die Leute in einer Welt lebten, in der lange Haare ihnen automatisch signalisierten: »Aha! Kombiniere: ein Mädchen!«?

Von nun an hatte ich meinen Spaß mit solchen Situationen und ließ mich einfach darauf ein. Als ich zum Beispiel mit meiner Familie im Skiurlaub war und gerade mit meinem Vater die Piste heruntersauste, hielt er an, um einer Frau, die hingefallen war, aufzuhelfen. Die Frau putzte sich den Schnee von den Schultern, bedankte sich mehrmals bei meinem Vater, drehte sich dann zu mir und sagte: »Sie haben aber einen sehr freundlichen Mann!«, worauf ich lächelnd und mit tiefer Stimme erwiderte: »Ja, er ist ein Guter!«

Wenn die Leute es schon verwirrend fanden, dass ein Junge langes Haar trug, machte ich es ihnen in meiner Pubertät definitiv nicht einfacher. Damals war ich so gelangweilt von der tristen Auswahl an Männerkleidung im hiesigen Einkaufszentrum, dass ich einfach anfing, in der Frauenabteilung zu shoppen. Es war fantastisch! Ich tauschte eintönige beige Wollpullover gegen transparente Chiffonblusen mit Blumen-Print und konservative Westen gegen peppige Paillettenblazer mit exzentrischen

Schulterpolstern. Mein damaliger Kleidungsstil kann wohl am besten mit »freche Immobilienmaklerin« beschrieben werden.

Damals war es mir vor allem wichtig, zu rebellieren, doch bis zum heutigen Tag nervt es mich, dass Männermode oft langweiliger ist als eine Diashow zum Thema »Brokkoli und seine Erscheinungsformen«. Während ich es spannend finde, mir am Morgen nach Preisverleihungen wie den Oscars die Outfits der Frauen im Internet anzusehen, bietet elegante Männermode kaum Abwechslung: Leonardo DiCaprio hatte also tatsächlich einen schwarzen Anzug an? Mutig, mutig…

Ob meiner exzentrischen Kleiderwahl stieß ich noch viel öfter auf Verwirrung. Der Großteil der Menschen hielt mich nun für eine Frau, und sobald ich sie korrigierte, regten sie sich auf. »Was? Du bist ein Mann?«, sagten sie dann, während sich ihr Kopf um die eigene Achse drehte und Rauch aus ihren Ohren kam. »Aber wieso ziehst du dich dann wie eine Frau an?«

Ich kostete es richtiggehend aus, dass manche meiner Mitmenschen es für ein riesiges Tabu hielten, als Mann in der Frauenabteilung einzukaufen. Als würden die Alarmglocken im Laden losgehen, sobald man als männliches Geschöpf in die falsche Richtung abbog. Newsflash: Es ist ein bisschen merkwürdig, sich dermaßen über ein paar zusammengenähte Stücke Stoff aufzuregen und ihnen so viel Bedeutung zuzuschreiben. Zudem ist es nicht so, als wäre ich in einem eleganten Gala-Kleid zu meiner Musterung aufgekreuzt. Manche Stücke aus der Damenabteilung gefielen mir vom Schnitt und vom Print einfach besser.

Nebenbei bemerkt finde ich es eigenartig, dass es für Frauen vollkommen okay und sogar trendy ist, den »Boyfriend-Look« zu tragen. Zu große Hemden und Jeans, die so aussehen, als hätte sie Hulk Hogan angehabt? Der absolute modische Überhammer! Aber ein Mann, der feminine Kleidung trägt? Absolut lächerlich und eine Beleidigung für sein Geschlecht.

Ich möchte nicht allzu sehr den Gender-Studies-Studenten raushängen lassen, aber ich denke, diese Einstellung hat damit zu tun, dass es in unserer Gesellschaft auch für Frauen super ist, typisch maskuline Merkmale an den Tag zu legen und sich entsprechend männlich zu kleiden. Umgekehrt ist es hingegen ein Zeichen von Schwäche. Genauso sind Frauen, die *Star Wars* und Computerspiele lieben, ein fester Bestandteil vieler Männerfantasien, aber soweit ich weiß, fantasiert niemand darüber, dass ich alle 94 Folgen *Sex and the City* sowie die beiden Kinofilme gesehen habe!

Mittlerweile ist meine Pubertät zu Ende. Spätestens, als ich angefangen habe, Brustbehaarung zu bekommen, fand auch ich durchsichtige Blusen nicht mehr ganz so schmeichelhaft an mir. Seit Jahren werde ich nun als männlich erkannt und der »Das letzte Mal, als ich für eine Frau gehalten wurde«-Ticker in meinem Kopf hat mittlerweile bestimmt eine vierstellige Zahl erreicht. Dennoch liebe ich es (wie ihr bestimmt merkt!), mich über Gender-Themen aufzuregen.

Einmal wurde ich von einem Magazin zum Thema Feminismus interviewt und habe behauptet, dass wir alle unter Sexismus und den herrschenden Geschlechterrollen leiden. Sobald die Ausgabe erschienen war, wurde ich für meine Aussage verurteilt. Besonders im Internet wurde ich behandelt, als wäre ich ein verwirrter alter Mann, der behauptet, in den 70ern eine Alien-Lady geküsst zu haben.

Okay: Womöglich gibt es Menschen, die sehr glücklich mit den herrschenden Geschlechterrollen sind. Bestimmt gibt es Männer, die Sport lieben, auf Extreme-Muscles-DVDs schwören und jubeln, wenn sie in der Männerabteilung großer Modeketten ein T-Shirt mit der Aufschrift »5UCK MY D1CK« sehen. »Endlich«, sagen sie sich vielleicht mit einem Funkeln in ihren Augen, »genau danach habe ich gesucht!«

Ich gehöre nicht zu diesen Männern und hätte mich sehr gefreut, wenn ein paar meiner Mitmenschen während meiner Kindheit und Jugend in Betracht gezogen hätten, dass das Geschöpf mit dem langen Haar und der *Golden Girls*-Obsession ein Junge sein könnte.

Strenge Geschlechterrollen sind meiner Meinung nach für die wenigsten von Vorteil, außer vielleicht für die Werbeindustrie. Ich stelle mir vor, dass die Welt um einiges angenehmer wäre, wenn wir unsere Vorstellungen von einem typischen Mann und einer typischen Frau ein bisschen auflockern würden. Aber was weiß ich schon? Ich bin doch nur ein verwirrter Typ, der sauer ist, weil er keine passende Fitness-DVD finden kann.

Buchingers Goldene Regeln

Guck genau hin, bevor du aus der Toilette stürmst Langes Haar und volle Wangen machen noch lange keine Frau, und ich denke, die meisten Menschen sind tatsächlich dazu imstande, das für ihr Geschlecht vorgesehene WC anzusteuern. (Und selbst wenn nicht: Wir werden es überleben.)

Leben und leben lassen Ein gutes Motto, nach dem ich gerne lebe, ist: »Cool für dich, nichts für mich!« Wenn mir eine Freundin erzählt, dass sie sich gerne die Lippe tellern lassen würde, könnte ich natürlich ausrasten und sie fragen, ob sie von allen guten Geistern verlassen ist und wie sie sich denn jetzt bitte den Verzehr eines köstlichen Maiskolbens vorstellt, aber was würde das bringen? Cool für dich, nichts für mich!

Das Geschlecht gehört nicht in die Anrede Dass ich in Jugendjahren oft als »junge Dame« angesprochen wurde, hat mir erst vor Augen geführt, wie komisch diese Art zu reden eigentlich ist. Ich gehe doch auch nicht in die Bäckerei und sage »Guten Tag, alte Frau!« oder »Hallo, großer Mann!«. Besonders, wenn man sich ob der Geschlechtsidentität einer Person nicht sicher ist, ist es ratsam, eine solche Anrede zu vermeiden.

Der Gipfel der Zuneigung

Ich hasse Romantik, worüber meine Freunde nur den Kopf schütteln können. »Michael, wir haben dich schon über so viele Dinge jammern hören: Tauben, Kleingeld, Leute, die zu oft blinzeln«, sagen sie dann gerne, »aber was kannst du bitte an Romantik nicht ausstehen? Als Nächstes sagst du uns, dass du Katzenbabys anstrengend findest.«

Zufällig finde ich Katzenbabys *wirklich* anstrengend, da sie zu liebesbedürftig sind und mir meine wohlverdiente Aufmerksamkeit rauben, aber das führt hier zu weit. Natürlich *hasse* ich Romantik nicht: Ich liebe Candle-Light-Dinners, und wenn eine Person aus meinem Freundeskreis sich verlobt, zwinge ich sie, mir den Antrag detailgetreu nachzuerzählen, während ich mir auf die Unterlippe beiße, um vor Rührung nicht in einem Meer aus meinen eigenen Tränen zu ertrinken.

Echte, von Herzen kommende Romantik ist super – übertriebene, unauthentische Romantik ist es, die mich langsam, aber sicher in die Alkoholsucht treibt. Erzählt mir eine Bekannte beim Frühstück etwa, dass ihr Freund zum Geburtstag einen Stern nach ihr benannt hat, muss ich mich schon bemühen, um meine Pancakes bei mir zu behalten. Ich bezweifle nämlich, dass ihr Liebster sich diese Geste selbst ausgedacht hat; vielmehr klingt sie wie einer x-beliebigen romantischen Komödie entsprungen. Diese Filme setzen uns verrückte Ideen in den Kopf, die kein normaler Mensch je haben würde, und ehe wir uns versehen, verhalten wir uns wie ein von Rosamunde Pilcher programmierter Roboter: geboren, um Liebe zu geben.

An dieser Stelle kann ich natürlich nicht leugnen, dass es eine Zeit gab, in der auch ich nicht ganz immun gegen den Einfluss der medial vermittelten Vorstellung von Romantik war. Ich erinnere mich etwa an einen Valentinstag, an dem ich mir in den Kopf setzte, meinen Freund mit einer besonders erinnerungswürdigen und beziehungsstärkenden Geste zu überraschen.

Entweder, so überlegte ich an diesem Morgen, ich verwickelte uns beide in eine Geiselnahme-Situation, die zwar traumatisch sein, aber uns enger zusammenschweißen würde, oder aber ich überraschte meinen Freund unter der Dusche. Aus Zeitmangel entschied ich mich für die zweite Option.

Der Plan war großartig. Jeder Romantiker weiß, dass eine gemeinsame Dusche der Gipfel der Zuneigung ist. »Das wird super!«, sagte ich mir mit übertriebenem Enthusiasmus, den ich mir sonst für einen Besuch bei meinen Großeltern aufhebe.

Als ich an diesem Tag also klammheimlich zu meinem Freund in die Dusche stieg, konnte ich mich gerade noch davon abhalten, lauthals »SURPRISE!« zu rufen und

Jazz hands zu machen, um meiner Überraschung das gewisse Etwas zu verleihen. Doch die Ernüchterung folgte schnell. Wer je behauptet hat, dass gemeinsam duschen Spaß macht, findet vermutlich auch Zahnarzttermine ganz toll.

Obwohl mein Freund in der Tat überrascht war (und das, obwohl ich gar keine Jazz hands gemacht hatte!), folgte kein romantischer Filmmoment, sondern eher eine wahnwitzige, soundeffectbeladene Montage der »lustigsten Dusch-Pannen«, bei der ich entweder frierend in der Ecke stand, Duschgel in mein Auge bekam, oder auf einer nassen Fliese ausrutschte. Slapstick!

Ähnlich wie das Erwachsensein und so ziemlich alle Produkte aus dem Teleshopping-Kanal hatte ich mir eine gemeinsame Dusche besser vorgestellt. Obwohl diese schrullige Episode definitiv unseren Beziehungsalltag belebt hat, verspürte ich dennoch das Bedürfnis, eine förmliche Beschwerde an all jene Filmemacher und Serienautoren zu schreiben, die mir diese Flause in den Kopf gesetzt hatten.

Natürlich bin ich froh, dass ich früh zu dieser Erkenntnis gekommen bin, fühle mich aber oftmals wie die einzige Person in meinem Umfeld, die nicht dieser fürchterlich unauthentischen, nur im Film gutaussehenden Form der Romantik verfallen ist. Folgende Gesten fallen meiner Meinung nach auch in diese Gattung:

Liebeserklärungen in Form von Widmungen in Büchern

Es ist schön, dass ich für dich »ein Quell der Energie und Liebe« bin, aber wie soll ich *Die große Enzyklopädie der Ameisen* bitte umtauschen, wo du die erste Seite nun schon mit deiner Nicholas-Sparks-Imitation vollgekritzelt hast?

Sterne nach seinem Partner benennen

Ich finde es schon schlimm, dass ich selbst mit dem unspannenden Namen Michael Buchinger gesegnet bin. Ich würde nicht ruhigen Gewissens damit leben können, dass nun auch ein Stern diesen Namen tragen muss.

Miteinander einschlafen

Obwohl ich es durchaus liebreizend finde, Sarah Jessica Parker dabei zuzusehen, wie sie mit einem unbekannten Schauspieler tief umschlungen einschläft, ist dies eines von vielen Filmklischees, die sich leider nur schlecht in die Realität umsetzen lassen, allein schon deswegen, weil in 90 Prozent der Fälle einer der beiden Personen durch das Gewicht der anderen die Blutzufuhr zu ihren Gliedmaßen abgeschnürt wird, woraufhin sie mit einem völlig tauben Arm aufwacht und schreit: »Wer berührt mich da?? Lassen Sie die Finger von meinen Kronjuwelen!«

Doch damit nicht genug: Einmal habe ich eine Flasche Traubenmost mit einem Kumpel getrunken und bin dann mit ihm eingeschlafen. Sobald sich der sanfte Mantel des Schlafs über meinen Bettgefährten legte, war das große Furzfest 2013 auch schon eröffnet. Es war die Sorte Furz, die gegen Ende sehr hoch wird und sich wie eine Frage anhört. Eine Frage, auf die die Antwort immer »Nein« lauten wird.

Nicht-auflegen-Wollen beim Telefonieren

Ich bin ohnehin kein Freund von Telefonaten und habe daher nie verstanden, warum Paare sich immer darüber streiten, wer zuerst das Gespräch beendet. Es ist doch schade um die Zeit! Bei mir sieht das so aus:

Er: »Leg du zuerst auf!«

Ich: *tüt-tüt-tüt*

Versteht mich nicht falsch: Ist man lange genug zusammen, weiß selbst ich manche dieser Gesten zu schätzen, wenn sie ehrlich sind und von Herzen kommen. Besteht ein neuer Liebhaber aber nach nur drei Monaten darauf, mir ein Partnermedaillon zu schenken, werde ich panischer als ein Hund an Silvester und beginne, alles in Frage zu stellen.

Dennoch sind übertrieben romantische Gesten sehr beliebt, und die Schuld dafür schiebe ich romantischen Komödien in die Schuhe. Liebesfilme sind für Beziehungen, was Pornos für Sex sind: Sie setzen unrealistische Standards und führen dazu, dass wir Dinge tun, die wir normalerweise nie im Leben tun würden (zum Beispiel die Sex-Stellung namens »Das fliegende Entenpaar« ausprobieren).

Wahrscheinlich muss ich nicht erwähnen, dass ich

Liebesfilme trotzdem toll finde. Ich habe jeden romantischen Streifen gesehen, in dem Jennifer Aniston, Katherine Heigl oder Meg Ryan je mitgespielt haben. Die Prämisse ist immer die gleiche: Die Hauptfigur, eine erfolgreiche Käse-Shop-Besitzerin, hat ihr Leben bestens unter Kontrolle, was den Zuschauern vor allem dadurch signalisiert wird, dass sie einen schnittigen Hosenanzug trägt und Kommandos in ihr Smartphone bellt.

Das einzige, womit unsere Protagonistin nicht ganz klarkommt, ist jedoch – surprise, surprise! – die Liebe. Ihr Leben wird auf den Kopf gestellt, als sie auf der Straße stolpert und in die Arme eines erfolgreichen Business-Tycoons fällt, gespielt von Patrick Dempsey/Pierce Brosnan/einem Stück Fleisch mit Bart. Anstatt einfach wie normale Menschen über dieses ulkige Missgeschick zu lachen und getrennte Wege zu gehen, fangen die beiden eine Liebesbeziehung an, die vor allem dadurch bedroht wird, dass der Business-Tycoon plant, den Käse-Shop der Protagonistin abzureißen, um dort ein gigantisches Cheese-O-Rama zu errichten.

Im Laufe des Films tun die beiden sämtliche der übertrieben romantischen Dinge, die ich oben aufgelistet habe, und noch viele mehr. Sie streiten sich am Ende des zweiten Akts und versöhnen sich kurz vor der 85-Minuten-Marke. Filme wie diese laufen jedes Mal nach der gleichen Formel ab, und dennoch bin ich von jedem romantischen Streifen aufs Neue entzückt und überrascht. Ich liebe jede Sekunde davon.

Als routinierter RomCom-Konsument lasse ich mich

von fiktiven Romanzen jedoch nicht mehr beeinflussen: Ich betrachte sie als ähnlich fantastisch und unrealistisch wie Science-Fiction-Filme, und Zooey Deschanel ist für mich nicht mehr als ein Roboter mit Stirnfransen. Damit stehe ich aber offenbar ziemlich allein da.

Denn kaum haben sie *Tatsächlich Liebe* gesehen, fangen Menschen an, einander bis zum Flughafen zu verfolgen, um ihren Angebeteten kurz vor Boarding Liebesgeständnisse zu machen. Letzterer Aspekt scheint mir heutzutage besonders unnötig: Wieso rufst du nicht einfach an oder schickst ein paar Herz-Emojis? Keine Liebe dieser Welt würde mich dazu bringen, freiwillig und ohne Aussicht auf Urlaub durch den Security-Check zu müssen.

Einmal habe ich einen Mann gedatet, der bereits nach unserer ersten Verabredung ein Gedicht über mich verfasste, in dem er meine ungezwungene Art und meinen Duft lobte. Sicher, ich hatte vor dem Date geduscht, aber nicht so gründlich, um es in einem Kreuzreim festhalten zu müssen.

Bei unserem zweiten Date händigte mir Lord Byron ein weiteres seiner Sonette aus. »Yaaay«, sagte ich gezwungen fröhlich, als hätte er mir soeben feierlich Tickets zum Konzert der Zillertaler Schürzenjäger überreicht.

»Lies es, wenn du im Zug bist!«, flüsterte mir meine Bekanntschaft zu, da ich ihr erzählt hatte, dass ich am nächsten Tag zu meiner Familie aufs Land fahren würde, und händigte mir ein Kuvert aus. Aufgrund seiner mysteriösen Anweisungen ließ ich nicht außer Betracht, dass es sich um eine Briefbombe handeln könnte.

Grausam, wie ich bin, lachte ich ihm einfach nur ins Gesicht. »Das ist unser zweites Date; ich hatte Mahlzeiten, die länger gedauert haben als unsere Bekanntschaft«, entgegnete ich trocken. Es scheint grob, aber ich machte seiner übertriebenen Romantik den Garaus, als wäre ich ein Polizist bei einer Drogenrazzia.

Zum Glück konnte er darüber lachen, aber ernsthaft: Niemand kann mir erzählen, dass Gesten wie diese nach so kurzer Zeit von Herzen kommen. Vielmehr scheint mir die Gedichtmasche wie ein Flirt-Tipp aus einem 80er-Jahre-Dating-Ratgeber namens *So schnappst du dir die Boys!*. Abgesehen davon strotzt diese Aktion vor Egoismus, denn ich habe keine vergleichbaren Talente, um sie zu erwidern. »Danke für dein Gedicht – ich habe aus einer Kartoffel einen Stempel gebastelt und ein buntes Bild für dich gestempelt!«

Lasst uns also bitte alle zur Besinnung kommen und dem Romantikwahn ein Ende setzen. Aufgesetzte Romantik ist nicht süß, förderlich oder schön und wird es niemals sein. Schon nach der Gedichtattacke, und spätestens an jenem Tag, als ich meinen Freund in der Dusche überraschte, habe ich gelernt: Gewisse Filmklischees sollte man lieber nicht in die Realität umsetzen.

Buchingers Goldene Regeln

Aller Anfang ist klein Es ist sinnvoll, sich die wirklich romantischen Gesten aufzuheben, bis die Beziehung fortgeschritten ist oder frischen Wind vertragen könnte. Holt man den Partner schon nach seinem ersten Solo-Ausflug vom Flughafen ab, muss man sich bewusst sein, dass man das nun *jedes verdammte Mal* tun muss, da es sonst heißt: »Früher hast du mich vom Flughafen abgeholt. Ich erkenne dich gar nicht mehr wieder!«

Authentizität ist das A und O Vergiss romantische Komödien und schnulzige Romane. Mach dein Ding! Was gefällt euch beiden, auch wenn es für Außenstehende superkomisch wirkt? Vielleicht ein Käse-Abo namens »Just in Käs'«? Das klingt nach einer himmlischen Beziehung.

Sei rücksichtsvoll Es ist immer gut, sich vorweg zu vergewissern, ob eine romantische Geste auch deinem Partner und nicht nur dir selbst gefällt. Ich muss mich jedes Mal erneut davon abhalten, meinem Freund Tickets für die Britney-Spears-Show in Las Vegas zu schenken.

Absolute No-Gos bei Dates

Dates vermitteln eine Ahnung, wie der Beziehungsalltag mit dem Gegenüber aussehen könnte, weswegen
es mir immer wichtig war, sein Verhalten beim ersten
Date genauer zu analysieren als die Polizei so man-
chen Tatort. Es gibt ein paar absolute No-Gos bei
Dates, die für mich allerhöchstens nur dann verzeih-
bar sind, wenn meine Verabredung ein besonders
guter Bäcker ist oder ein Rudel Hundewelpen besitzt.

Dein Date leugnet das Date
Manche Verabredungen sind wie im Film. Ihr blickt
euch tief in die Augen, »zufällig« berühren sich eure
Hände, und ihr teilt euch die Portion Spaghetti Bo-
lognese wie Susi und Strolch. Dann sieht dein Gegenüber dich mit einem Wimpernaufschlag an und sagt:
»Ich hoffe, du denkst nicht, dass das ein Date ist.«
Oh, was ist es dann? Weihe mich bitte ein. Eine Performance zum Thema »widersprüchliche Botschaften«?

Diese Leute haben aber auch wirklich Nerven! Ich
meine, dass ein Happening nach 20 Uhr, zu zweit
in einem Restaurant mit einem unaussprechlichen
französischen Namen, sehr wohl ein Date ist. Morgen
kreuze ich dann einfach zu meinem Zahnarzttermin
auf und hauche: »Ich hoffe, Sie denken nicht, dass das
ein Zahnarzttermin ist!«, während ich dem Zahnarzt
mit der Hand zärtlich über die Wange streiche.

Dein Date redet über andere Dates

Am meisten hasse ich es ja, wenn mein Gegenüber sagt: »Ach, morgen habe ich wieder ein Date mit diesem Typen, den ich schon mal getroffen habe. Er ist ganz nett!«

Wie bitte? Ich bin nicht dein Ein und Alles? Es gibt noch andere Leute, die an dir interessiert sind? Das Einzige, was du bei unserem Date über andere Männer sagen solltest, ist: »Im Vergleich zu einem Traummann wie dir wirkt er wie Lord Voldemort!« Sofort fühle ich mich wie eine Kandidatin bei *Der Bachelor* und bin bereit, mich mit den anderen Anwärtern zu treffen und mit ihnen einen Streit anzuzetteln, der schon bald in einen Faustkampf ausartet. Über andere Typen zu sprechen, ist ein fieser Trick, um den Wettbewerb zu steigern, und ich mag keine fiesen Tricks – außer natürlich, wenn ich meinen Dates erzähle, dass ich mit Ryan Gosling verwandt bin, damit sie mich mehr lieben.

Dein Date fragt dich, ob du noch auf einen »Kaffee« mit hochkommst

Früher habe ich diesen taktischen Move nie verstanden. Es ist meine persönliche Regel, nach 15 Uhr keinen Kaffee mehr zu trinken, da ich sonst nur sehr schwer einschlafen kann und die ganze Nacht über alle Leute nachdenke, die je gemein zu mir waren. Dies erklärte ich auch immer gerne und sehr detailgetreu meinen Dates, welche mich wiederum nur verwirrt ansahen. Wenn dein Rendezvous dir einen Kaffee in seiner/ihrer Wohnung anbietet, bedeutet das nämlich meistens nicht den Genuss von koffeinhaltigen Warmgetränken, sondern Sex.

Hier ist mein Problem: Ich hasse Spielchen! Wenn du intim mit mir werden möchtest, kannst du mir das gerne einfach sagen, anstatt diese kryptischen Umschreibungen zu verwenden. Selbiges gilt auch für »Kuchen backen«, »chillen« und »Filme schauen«: Ich kreuze also mit meiner Bridget-Jones-Trilogie-DVD-Box bei dir auf, nur um herauszufinden, dass es nie deine Absicht war, mit mir über die Abenteuer der Londoner Singlefrau zu lachen. Enttäuschend.

Dein Date erzählt ausführlich von ihrem/seinem Ex
Natürlich ist es gut zu wissen, ob der potenzielle Partner schon einmal eine Beziehung hatte, wie lange sie gedauert hat und vielleicht auch (wenn man geschult in Verhörtaktik ist), woran sie gescheitert ist. Wird die vergangene Beziehung aber innerhalb eines zweistündigen Dates öfter erwähnt, als ich erwähne, dass ich einmal Alexa Chung im Fahrstuhl getroffen habe, geht mir das gehörig auf die Nerven. Was gerade noch ein nettes Date war, verwandelt sich schon bald in »Michis Kummerkasten«, und gemeinsam analysieren wir, was in der Beziehung nicht funktioniert hat. Dabei fühlt es sich an, als würde mein Gegenüber seinem Verflossenen immer noch nachtrauern und mich mehr

wie ein dreckiges Übergangsauto betrachten, das man bekommt, während der Ferrari in der Reparatur ist.

Dein Date kann nicht genug von dir bekommen

Ich weiß, ich weiß: Man kann es mir nicht recht machen, aber ich finde es auch nicht wahnsinnig toll, wenn ein Typ so begeistert von mir ist, dass er mich viermal die Woche treffen möchte. Ich habe die Regel, meine Rendezvous und meinen Therapeuten gleich oft zu sehen, damit ich bei dem einen über den anderen lästern kann.

Ausgewählte Männer verfallen leider einer Besessenheit, die ich liebevoll »das Michi-Fieber« nenne, für welches es jedoch leider noch kein wirksames Gegenmittel gibt. Alle Betroffenen sind ihm hilflos ausgesetzt. Sie schicken mir Selfies, wollen ständig telefonieren und jeden Tag etwas gemeinsam unternehmen, was nicht zuletzt die Frage aufwirft: Sind sie arbeitslos? Besonders am Anfang der Dating-Phase ist es wichtig, ein bisschen mysteriös zu bleiben, und nach dem dritten Selfie, auf welchem so viel Haut zu sehen ist, dass ich es als »unangemessen für den Arbeitsplatz« einstufen würde, bleibt leider wenig der Vorstellung überlassen.

Dein Date hat sehr spezifische »Aufnahmeverfahren«

»Wie alt bist du?«, fragte mich einst ein Typ beim ersten Date. Als ich antwortete: »21«, entgegnete er: »Das ist sehr schade. Ich date nur Männer, die mindestens 22 Jahre alt sind.«

Ich konnte mich kaum davon abhalten, mir beim Kellner einen weiteren Brotkorb zu bestellen, nur um ihn nach meinem Gegenüber zu werfen. Oh Verzeihung, mein Herr, ich wusste nicht, dass es einfacher ist, eine Mitgliedschaft im Soho House zu bekommen, als weiterhin das Privileg zu haben, Sie daten zu dürfen.

Generell finde ich es eigenartig, wenn Menschen sehr spezifische Vorstellungen von ihrem Traummann oder ihrer Traumfrau haben, von denen jeder noch so tolle Mensch nicht abweichen darf. Sie sagen dann so etwas wie: »Er soll zwischen 22 und 25 Jahre alt und mindestens 180 Zentimeter groß sein, gerne Sport machen, Jura studieren und rote Augen haben«, als wären sie Kandidaten in einer Dating-Show. Wenn ich erwidere: »Aber das ergibt keinen Sinn. Niemand hat rote Augen!«, kontern sie traurig: »Tja, dann gibt es da draußen wohl nicht den richtigen Mann für mich ...« Diese Leute nerven.

Das verrückte Labyrinth

»Jetzt sei doch mal ehrlich«, sagte die Frau im weißen Kittel einschüchternd zu mir. »Fühlst du dich wirklich so schlecht, oder behauptest du das nur, damit deine Mitmenschen dich netter behandeln? Bekommst du Dinge, die du sonst nicht bekommst, wenn du sagst, es geht dir schlecht?«

Ich war sprachlos: Gerade eben hatte mir diese Ärztin noch verständnisvoll zugehört, als ich ihr erzählte hatte, dass ich mich seit Wochen nicht sonderlich gut fühlte, und jetzt das. Klar, ich liebe es, wenn Menschen mich bevorzugt behandeln, doch selbst ich habe meine Grenzen und hielt es für unangebracht, dass meine Ärztin ihre One-Woman-Methode von »Guter Cop, böser Cop« ausgerechnet an mir ausprobieren wollte.

Zugegeben, meine Geschichte war ein bisschen ungewöhnlich. Ich, ein damals zehnjähriger Junge, verbrachte den Großteil meiner Zeit damit, über den Tod nachzudenken. Während andere Kinder fröhlich miteinander Ball spielten oder Sticker tauschten, drehte ich auf gespenstische Art und Weise meine Runden auf dem Pausenhof, wie ein Mitglied der *Addams Family*, und rechnete mir aus, wie viele Stunden ich noch zu leben hatte. »Ich bin jetzt zehn Jahre alt«, sagte ich mir mit einem Taschenrechner in der Hand und plötzlich sehr an Mathematik interessiert. »Der durchschnittliche Mann wird 82, das heißt, ich habe noch 72 Jahre vor mir. 72 Jahre sind 26.280 Tage. Ein Tag hat 24 Stunden, das heißt, ich habe noch 630.720 Stunden und dann bin ich tot.«

Dieser Fakt stimmte mich panisch, und ich versuchte, andere Kinder vor ihrer Sterblichkeit zu warnen, als wäre sie ein Meteorit, der in beachtlichem Tempo auf die Erde zuraste. »Ist es nicht beunruhigend, dass wir nur noch gut 630.000 Stunden zu leben haben?«, fragte ich etwa Martina ganz beiläufig in der großen Pause, so als würde ich wissen wollen, ob sie die warmen Temperaturen genießt. Ich hegte die stille Hoffnung, dass Martina ebenfalls komplett ausrasten, sich sofort einen Aluhut basteln und gemeinsam mit mir vor dem Tod fürchten würde. Stattdessen zuckte sie einfach mit den Schultern und wandte sich ab, um weiter ihr Pausenbrot zu essen.

Obwohl viele meine kleine Vorliebe für den Tod vermutlich nur als kindliche Besessenheit abtaten, entwickelte mein Körper einen lustigen »Partytrick«, wie ich es gerne nenne: Dachte ich zu lange über mein unvermeidbares Ableben nach, schob ich nach einiger Zeit fürchterliche Panik, welche im Endeffekt darin resultierte, dass ich mich – egal, wo ich gerade war, und egal, ob ich überhaupt gegessen hatte – plötzlich übergeben musste, was mir zu dieser Zeit sehr unangenehm war.

Im Grunde genommen verhielt ich mich die meiste Zeit wie ein aufgescheuchter Fasan während der Jagdsaison und suchte schon bald eine Ärztin auf, die meiner Geschichte erst Glauben schenken wollte, nachdem ich mich in ihrem Wartezimmer erbrach.

Obwohl mich die Reaktion meiner Ärztin hätte verblüffen sollen, tat sie das nicht wirklich: Sämtliche meiner Mitmenschen, mit Ausnahme meiner Familie, schenkten meiner Harold-Nachahmung aus *Harold und Maude* keine sonderlich große Beachtung. Stattdessen rieten sie mir, mich doch endlich mal zusammenzureißen – ein wirklich supertoller und sehr hilfreicher Tipp für alle Menschen, die nicht in Topform sind. Warum war ich nicht selbst darauf gekommen? Leuten zu sagen, dass sie sich bitte mal am Riemen reißen sollen, ist ein ähnlich guter Rat wie »Bitte werde wieder normal!« oder »Sei doch nicht so dick!«. Danke, Doktor Sommer, ich werde es ausprobieren.

Aber wenn überhaupt, so diente das Unverständnis meines Umfelds nur als kleine Sneak Preview für die Dinge, die sich Leute mit psychischen Erkrankungen anhören müssen. Obwohl ich anfangs jedes Mal zusammenzuckte wie ein Pawlow'scher Hund, wenn die Worte »psychische Erkrankung« fielen, wurde mir schon bald versichert, dass ich mich für Beschwerden dieser Natur genauso wenig schämen müsste wie für jede andere Krankheit. Ich wünschte nur, dieses Memo wäre auch an all meine Mitmenschen rausgegangen. Ich fühlte mich wie ein riesiger Freak. Welches Kind litt schon an

Zwangsgedanken und einer leichten Depression, wie es mir wenig später von einer Ärztin bescheinigt wurde?

Zugegeben, meine Erinnerungen an diese Zeit sind äußerst schwammig, also entschuldigt bitte, wenn ich mich ein bisschen anhöre wie die alte, gebrechliche Frau, die in *Titanic* ihre ellenlange Geschichte erzählt. Nach einigen Arztbesuchen wurde mir ans Herz gelegt, für ein paar Wochen ins Krankenhaus zu gehen, um verschiedene Untersuchungen durchzuführen, was im ersten Moment ähnlich angsteinflößend klang, als hätte man mir geraten, ein paar Nächte in Doktor Frank N. Furters Villa aus der *Rocky Horror Picture Show* zu verbringen.

Doch um ehrlich zu sein, war meine Zeit im Krankenhaus gar nicht mal so schlecht. Ich lag in einem Zimmer mit drei anderen Kindern, und zweimal die Woche besuchte ich eine Psychologin, die jede unserer Sitzungen damit beendete, eine Runde »Das verrückte Labyrinth« mit mir zu spielen, was mir rückblickend betrachtet als ein sehr unpassendes Brettspiel erschien, aber okay. Die Psychologin gewann auch fast immer, was ich ebenfalls sehr dubios fand. Ließen Erwachsene einen normalerweise nicht gewinnen?

Regelmäßig erhielten wir Besuche von Clowns, die vom Krankenhaus engagiert worden waren und versuchten, uns mit relativ lahmen Witzen zum Lachen zu bringen. Es half natürlich nicht sonderlich, dass ich schon damals ein bisschen Angst vor Clowns hatte und mir immer vorstellte, wie sie mich mit ihren riesigen Händen im Schlaf erdrosselten.

Die eigentliche Schwierigkeit war es, den anderen Kindern und ihren Familien zu erklären, warum ich im Krankenhaus war. FunFact: Sowohl Patienten als auch ihre Besucher *lieben* es, andere Personen zu fragen, warum sie im Krankenhaus sind. Es ist ein bisschen so, wie ich mir ein kollegiales Gespräch unter Gefängnisinsassen vorstelle. Die ersten paar Male probierte ich noch, die Wahrheit zu sagen, doch ich lernte schon bald, dass »Ich habe nur noch gut 630.000 Stunden zu leben und kotze daher regelmäßig« als Antwort nicht die Massen begeistern würde. Aber welche Krankheit ist schon massentauglich? Chronische Blähungen vielleicht.

Gleichzeitig hielt ich zu diesem Zeitpunkt nicht viel von Lügen (ihr merkt, ich habe mich seitdem *sehr* verändert). Jedes Mal, wenn ich auf Zwangsgedanken oder Panikattacken anspielte, wollten mir die Leute wieder nicht recht glauben oder wurden merkwürdig still und brabbelten dann etwas wie »Oh, okay ... Ich glaube, ich habe mein Auto nicht abgeschlossen! See you later, alligator!« und verschwanden rückwärts, an den Clowns vorbei, aus dem Zimmer. Nach Absprache mit meinen Eltern über dieses merkwürdige Phänomen gaukelte ich fortan allen vor, dass ich Probleme mit dem Kreislauf hätte. Kreislaufbeschwerden sind irrsinnig langweilig und niemand, der recht bei Verstand ist, möchte freiwillig gerne mehr darüber hören, also war ich mit dieser Lüge wirklich fein raus.

Nach überstandener Zeit im Krankenhaus nahm ich ein paar Jahre lang Antidepressiva, und meine Stimmung blieb stabil. Da ich aber meine Lektion gelernt hatte, machte ich es mir zur Priorität, meine frühmorgendliche Tablette stets mit einer fetten Lüge für meine mich beobachtenden Mitmenschen einzunehmen. »Kreislaufbeschwerden« blieb mein liebstes Geflunker, und niemand hinterfragte es – mit Ausnahme der übermäßig besorgten Mutter eines Schulfreundes, welche mir fortan alle paar Stunden süßen Fruchtsaft anbot und besonders langsam mit dem Auto durch die Stadt fuhr, um etwaige Schwindelanfälle zu vermeiden.

Obwohl ich diese Probleme längst hinter mir gelassen und auch meine Tabletten vor Jahren abgesetzt habe, finde ich es erschreckend, was für ein Tabuthema psychische Erkrankungen nach wie vor sind. Obwohl es mir niemand direkt gesagt hatte, bekam ich schon im Kindesalter den Eindruck, dass es absolut essentiell war, meine Krankheit zu verschweigen und sie, ähnlich wie den dunklen Lord Voldemort, unter keinen Umständen beim Namen zu nennen.

Klar muss man nicht alles an die große Glocke hängen, und ich bemühe mich auch stets, in meiner traditionellen Weihnachtskarte nicht meine zahlreichen Ausschläge aufzulisten, die mich das Jahr über geplagt hatten, aber dennoch fühlte ich mich damals wie ein Freak, der am besten gemieden werden sollte. Zu diesem Zeitpunkt wusste ich nicht, dass statistisch gesehen 40 Prozent der Europäer an einer psychischen Krankheit leiden und dass ich auch nicht die einzige Person in meiner Klasse war, die Antidepressiva nahm.

Bis zum heutigen Tag merke ich, dass viele Menschen sich sehr unbehaglich fühlen, wenn ich von dieser Episode aus meiner Kindheit erzähle und als kleines Schmankerl noch eine Anekdote über meine Magersucht drauflege. Zwar kann ich verstehen, dass es nicht angenehm ist, über diese Themen zu reden, aber leider ist das Leben nicht ein einziges Feuerwerk der Freuden, und ich glaube fest daran, dass wir alle davon profitieren und uns weniger allein fühlen würden, wenn wir diese Dinge nicht totschweigen würden. Außerdem habe ich mir mal sagen lassen, die Leute seien netter zu einem, wenn man sagt, es gehe einem schlecht. Win-win!

Buchingers Goldene Regeln

Habe immer ein offenes Ohr Viele Leute blocken sofort ab, sobald ihr Gegenüber sich öffnet und über psychische Probleme sprechen möchte. Sie rufen: »Die Rechnung, bitte!«, und ziehen schnell Leine, weil ihnen plötzlich eingefallen ist, dass sie ihre Oma vom »Bingo« abholen müssen. Aber wenn man sich gerade einen zweistündigen Monolog über Verdauungsprobleme angehört hat, darf man auch mal über seine eigenen Probleme quatschen – Oma kann warten!

Semantik! Ich möchte natürlich niemandes Gefühlslage anzweifeln, aber oft höre ich Aussagen wie »Von Depressionen kann ich ein Lied singen: Als *Friends* abgesetzt wurde, war ich richtig depressiv und habe den ganzen Tag lang nur Schokolade gegessen! Am nächsten Morgen ging es mir aber wieder super!« Da frage ich mich, ob die Leute wirklich wissen, worüber sie reden.

Brich mit Tabus Wie du merkst, rede ich relativ offen über meine Erfahrungen, da ich es wichtig finde, psychische Krankheiten zu enttabuisieren. Das macht mich wiederum zu einem dieser nervigen Menschen, die nur auf ein Signalwort warten, um eine ellenlange Anekdote aus dem guten alten Krankenhaus einzubringen.

Der eingebildete Kranke

Man muss kein Detektiv sein, um zu bemerken, dass ich das Internet liebe. Die Beweise sprechen für sich: Von Essensbestellungen über Urlaubsplanung bis hin zu Freundes- und Partnersuche genieße ich die Vorteile des digitalen Lebens und beurteile meine Mitmenschen mit Vorliebe anhand der Geschwindigkeit ihres WLANs.

Wer sich mich nun in einer dunklen Kellerwohnung vorstellt, mit tagealten Ramen-Nudeln vor dem Rechner sitzend und verzweifelten Angehörigen, die mich »einfach nicht mehr wiedererkennen«, hat jedoch nicht die beste Kombinationsgabe: Meine Wohnung ist im Dachgeschoss, und ich *hasse* Ramen-Nudeln!

Obwohl ich mich keineswegs als internetsüchtig bezeichnen würde, kann ich nicht abstreiten, dass mein Alltag über weite Strecken gar nicht möglich wäre ohne das World Wide Web. Ich denke da an meine Brieffreundschaft mit diesem nigerianischen Prinzen oder meinen Job als YouTuber. Es gibt jedoch eine Sache, die ich – aufgrund vieler negativer Erfahrungen – ähnlich stark meide wie meine rassistische Tante auf Familienfeiern: die Online-Diagnose von Krankheiten.

Anfangs wirkt es irrsinnig beruhigend, sofort eine

mögliche Erklärung für meine Leiden zu finden. Hustend und keuchend tippe ich einfach meine Symptome auf verschiedenen Webseiten ein und warte gespannt darauf, was mir der clevere Web-Doktor ausspuckt.

Abgesehen davon, dass diese Webseiten immer irrsinnig dubios und von unpassender Werbung überlaufen sind (»Hey, Sie fühlen sich vielleicht krank, aber wissen Sie, was Sie sich kaufen sollten? Pantoffeln!«), sieht die Liste an möglichen Krankheiten *immer* in etwa so aus:

- Erkältung
- Grippe
- Heuschnupfen
- KREBS!!!
- Allergien

Wie bitte? Bis eben hatte ich noch gedacht, dass meine Symptome höchstens auf ein sich anbahnendes Fieber hindeuten, doch nun könnte es Krebs sein? Diese Diagnose wird mir immer angezeigt; ich könnte eingeben: »Habe mir das Bein gebrochen«, und die Webseite würde antworten: »Hmm ... ist es vielleicht Krebs?«

Mittlerweile vermute ich, dass es sich um einen lustigen Insider-Gag der Webseitenentwickler handelt. Ich kann sie mir förmlich vorstellen, wie sie nachts um drei in ihrem Webmaster-Hauptquartier saßen und sich plötzlich ein ruhiger Mitarbeiter zu Wort meldete. »Hey, wisst ihr, was lustig wäre?«, sagte er bestimmt, während er schon anfing, schallend zu lachen. »Lasst uns einfach bei jeder Suchanfrage ›Krebs‹ dazugeben, just for fun!«

Ohne Zweifel riefen alle: »Das ist eine großartige Idee!«, und trugen den Scherzbold dann auf einem Stuhl durch den Raum, während sie grölend seinen Namen skandierten.

Doch wisst ihr was? Ich bin so schon ein anstrengender Kranker. Sobald ich auch nur merke, dass meine Körpertemperatur ein klein wenig über der Norm ist, ziehe ich mich in mein Schlafgemach zurück, schließe die Vorhänge und bitte darum, jedes Familienmitglied einzeln zu sprechen, um letzte Worte an sie oder ihn richten zu können.

Doch mit dem Wind dieser Diagnose-Webseiten in meinen Segeln, erreicht meine Nervigkeit neue Höhen. Die Möglichkeit, dass mein momentaner Zustand mehr sein könnte als nur eine einfache Erkältung, raubt mir den letzten Nerv. Bis ich am nächsten Tag zum Arzt gehen kann, vertreibe ich mir die Zeit mit Selbstmitleid – meiner allerliebsten Beschäftigung.

Sehe ich etwa, wie meine Freunde ihre ersten Frühlingsselfies auf Instagram posten, kann ich mich nicht davon abhalten, die warnenden Worte »Genieße deine Gesundheit, solange du sie noch hast … *hust-hust*« als Kommentar darunterzusetzen.

In einer Stimmung, die wohl nur als »hoffnungsloser Passagier auf der sinkenden Titanic« zu beschreiben ist, streife ich langsamen Schrittes durch die Wohnung und erinnere mich an all die guten Zeiten, die ich hier einst gehabt hatte. Dann esse ich doppelt so viel wie sonst, mit der Begründung, dass mein Körper in Zeiten wie diesen mehr Nahrung braucht.

Am nächsten Morgen sprinte ich zum Arzt und verlange einen Termin. Dabei schrecke ich nicht vor Phrasen zurück wie »Es geht um Leben und Tod«, nur damit mir der Doktor kurz darauf erklärt, dass das, was ich kläglich als »Das Ende meiner Zeit auf Erden« bezeichnet habe, eine simple Erkältung ist.

Zu all diesen Hirngespinsten würde es – natürlich – gar nicht erst kommen, gäbe es diese verrückten Krankheits-Suchmaschinen und ihre übertriebenen Diagnosen nicht. Über die Jahre verteilt befand ich mich im festen Glauben, unter anderem – aber nicht ausschließlich – unter folgenden Krankheiten zu leiden:

Tinnitus

Im Alter von 17 Jahren vernahm ich eines Morgens plötzlich ein Rauschen in meinem linken Ohr. Eine schnelle Befragung des Internets ergab, dass es sich um einen Tinnitus handeln *könnte*, was für mich Indiz genug war, dass dies todsicher der Fall war.

Nach einer kurzen Runde der Panik ob des neuen, für immer bleibenden Tons in meinem Ohr kam ich überraschend schnell wieder zur Besinnung und beschloss, tapfer zu sein. Für die Familie, redete ich mir ein, obwohl dieser das Geräusch in meinem Ohr wohl nicht egaler hätte sein können.

Als Tinnitus-Patient, so sagte ich mir dann, würde ich mich dazu entschließen, meine gesammelte Weisheit (denn kranke Menschen werden immer automatisch weise) an andere Erkrankte weiterzugeben und ihnen durch meine herzzerreißende Autobiographie *Tinnit-you, Tinnit-me, Tinnit-us! Rauschend durchs Leben* Hoffnung zu schenken. In meinem Werk stelle ich die These auf, dass der ewige Tinnitus die nörgelnde Stimme meiner Mutter repräsentiert, die mein ganzes Leben lang immer nur Kritik an mir geübt hat (was zwar eigentlich nicht stimmt, aber jeder weiß, dass Autobiographien sowieso zu 80 Prozent Fiktion sind). Anschließend würde ich mich meiner wahren Berufung widmen, meinem Opus magnum namens *Tinnitus! – Das Musical*, einer knallbunten Show, deren Musikstücke ausschließlich aus verschiedenen Rausch-Geräuschen komponiert sind.

Am Folgetag hatte ich einen Hörtest. »Immer, wenn du einen Ton hörst, drückst du auf den Buzzer!«, sagte meine Ärztin zu mir.

Schon hörte ich in meinem rechten Ohr den ersten Ton und drückte wie besprochen auf den Knopf. Dann folgte noch ein Ton. Dann noch einer. Kamen sie wirklich aus den Kopfhörern oder schob draußen bloß ein LKW zurück? Nach vollendetem Test kam die Diagnose »leichter Hörsturz« und die Frage, ob ich denn in letzter Zeit laute Musik, zum Beispiel auf einem Festival, gehört hätte. Im Alter von 17 war ich keineswegs cool genug, um auf Festivals zu gehen, und ersparte meiner

Ärztin daher die Info, dass ich einfach zu laut den Soundtrack von *Sister Act* gehört hatte.

Das Geräusch in meinem Ohr verschwand – gemeinsam mit meinem Traum, die Inspiration (und Musical-Ikone!) aller kranken Menschen zu werden – genauso schnell, wie es gekommen war.

Nierenversagen

Ich werde immer panisch, wenn mein Urin seine Färbung verändert und auch nur ein bisschen von dem Bild, das ich 2006 auf einer Overhead-Folie im Biologieunterricht gesehen habe, abweicht. Webseiten spucken dann gerne aus, dass womöglich eine meiner Nieren nicht richtig funktioniert. »Es könnte auch ein sich anbahnendes Nierenversagen sein!«, warnte mich in einem Nieren-Forum die Userin »DufteBieneLila«, die sich trotz ihres fröhlichen Namens überraschend pessimistisch gab. Alarmiert überlegte ich mir, wen meiner Freunde und Verwandten ich wie davon überzeugen könnte, mir eine Niere abzutreten.

Vermutlich würde ich mich einfach mit der ausgewählten Person zum Mittagessen treffen und das Gesprächsthema »Robert DeNiro« ansteuern, nur um später *Sex and the City*-artig die Überleitung bringen zu können: »Apropos DeNiro: Gibst du mir eine Niere?«

Einmal bin ich sogar an einem Sonntag zur Notfall-Apotheke gelaufen, um mir Urinteststreifen zu holen. (Ihr merkt, ich liebe es, am Wochenende so richtig viel Fun zu haben!)

Morbus Crohn

Bei einer Routineuntersuchung meiner Hausärztin führte sie einen sogenannten Guajak-Test durch. Klingt lustig, ist es aber nicht (googelt ihn! Ich möchte nicht ins Detail gehen). Nach dem Ergebnis verdonnerte sie mich zu einer Darmspiegelung, eine Nachricht, die eindeutig meinen Tag ruinierte.

Sobald ich die Praxis verlassen hatte, googelte ich einige der Symptome, die meine Ärztin erwähnt hatte, und war mir fortan sicher, dass ich es womöglich gar nicht nach Hause schaffen würde, ohne vorher zu sterben. Schenkte man dem Internet Glauben, so hatte ich bestenfalls die Darmerkrankung Morbus Crohn und schlimmstenfalls Darmkrebs, was – wenn ihr mich fragt – beides nicht sonderlich prickelnd klang.

Dieses Mal beschloss ich, meine Krankheit, Nora-Ephron-Style, vor meinen Mitmenschen geheim zu halten und sie stattdessen einfach ein bisschen fester zu umarmen. Familienmitglieder, denen ich doch von meiner bevorstehenden Untersuchung berichtete, vergewisserten mir netterweise, dass es nicht schmerzhaft sei, einen Fremdkörper in meinen »besonderen Ort« eingeführt zu bekommen, und taten dabei so, als wäre ich mit Anfang 20 nie ein ziemlich umtriebiger Single gewesen. Süß!

Die eigentliche Untersuchung war absolut okay, nicht zuletzt deswegen, da ich auf die angesetzte Frage: »Herr Buchinger, wollen Sie eine Betäub-?«, viel zu laut und schnell mit »Ja!!!« antwortete. Ich liebe eine gute Betäubung, und die folgenden 30 Minuten fühlten sich an wie ein vollgedröhnter Ausflug ins Studio 54. Ich fühlte mich super!

Wiederholte Male ließ mich die Ärztin während der Untersuchung wissen, dass ich das »ganz toll« machte und »wirklich brav« sei, als wäre ich eine aufgescheuchte Katze, die sie zu beruhigen versuchte, während sie ihr die Krallen schnitt. Ich finde schon Small Talk beim Frisör fürchterlich, aber während einer Darmspiegelung?

Die Diagnose lautete – Überraschung: »Ihnen fehlt nichts.« Wieder einmal war meine Sorge vollkommen unbegründet gewesen; aber wenigstens habe ich bei dieser vermeintlichen Krankheitsepisode ein paar sehr »persönliche« Fotos von mir bekommen, die ich zu Halloween an Freunde schicken kann.

Der gemeinsame Nenner all meiner von Panik begleiteten Geschichten ist wohl, dass es stets mit mir bergab geht, sobald ich beschließe, meine Leiden mit Hilfe des Internets selbst zu diagnostizieren. Ähnlich wie bei den Zubereitungsmethoden diverser Fast-Food-Ketten ist auch in diesem Fall Unwissen ein absoluter Segen, und ich nehme mir fest vor, mir vor einer ärztlichen Untersuchung keine Flausen mehr in den Kopf setzen zu lassen. Außerdem möchte ich fortan gerne den maßlosen Übertreibungen in Online-Foren entgegenwirken. Wenn ihr also demnächst einen User namens »CheeseFries69« seht, der absolute Knüller wie »Ich dachte, ich wäre todkrank und müsste auf der Stelle sterben, aber meine Ärztin sagte nur, dass ich womöglich zu viel Rote Bete esse!« von sich gibt, könnt ihr euch sicher sein: Das bin ich!

Buchingers Goldene Regeln

Nicht übertreiben Vorsicht ist gut, aber absolut ausrasten und schreiend im Kreis laufen, weil man denkt, dass man nur noch wenige Tage zu leben hat, ist definitiv nicht zu empfehlen.

Höre auf deinen Körper Alle vermeintlichen Krankheiten, die ich bisher hatte, äußerten sich nur durch äußere Merkmale – ansonsten ging es mir blendend. Eine Zeitlang redete ich mir etwa ein: »Wow, Morbus Crohn fühlt sich gar nicht so schlimm an, wie ich dachte. Ich fühle mich *super*, dafür, dass ich so krank bin!« Erfahrungsgemäß spürt man deutlich, wenn man wirklich krank ist.

Keine Panik Das Internet ist ein Ort, an dem jeder ungeprüft Dinge behaupten kann. Glaubt man dem Internet, bin ich »cool« und wirke sehr »gepflegt«, doch wir alle wissen, dass das Humbug ist.

Zucker ist das Crack
der Neuzeit

Gesunde Ernährung verwirrt mich. Natürlich weiß ich, dass es wichtig ist, auf seinen Körper und die Lebensmittel, die man ihm zuführt, zu achten. Aber sogenannte Superfoods und all ihre Fürsprecher sind mir ein Dorn im Auge. Es scheint mir, als würde es alle paar Monate einen neuen Foodtrend geben, der uns ein längeres, gesünderes Leben garantiert.

Nehmen wir zum Beispiel Agavendicksaft. Vor mehreren Jahren erlebte dieses alternative Süßungsmittel seine absolute Blütezeit: Jeder von Gwyneth Paltrow bis hin zu meiner Großmutter fing an, Speisen und Getränke damit zu süßen. Es ist, nebenbei bemerkt, spannend, wie sehr Dinge wie Homosexualität und Ausländer Rentner verwirren können, sie aber ohne einen Moment der Überlegung auf exotischen Mambo-Jambo wie Agavendicksaft einsteigen, weil er im Frühstücksfernsehen empfohlen wurde. Aber nicht mit mir!

Jeder kann sich ernähren, wie er möchte (ganz nach meinem Lebensmotto »Cool für dich, nichts für mich!«), aber was mir wirklich auf die Nerven geht, sind Menschen, die andere verurteilen. Nicht selten passierte es, dass Bekannte mich darauf hinwiesen, wie uncool es doch von mir sei, meine Torten nach wie vor mit Industriezucker zu süßen, wo uns doch mit Agavendicksaft so eine tolle Alternative geboten werde. Dabei sahen sie mich wütend an, als würden sie jeden Moment eine Petition mit dem Titel »Wir fordern, dass Michi anfängt, Agavendicksaft zu verwenden!« aus ihrem Jutebeutel hervorziehen.

Allein das Wort stößt mich schon ab. »Agavendicksaft«, wie ekelhaft klingt das denn? Und was ist überhaupt eine Agave und warum sollte ich mir für teures Geld ihren abartig dickflüssigen Saft kaufen, der um einiges schlechter süßt als Zucker und noch dazu die Konsistenz meines gesamten Backprojekts ändert, so dass ich meinen Schokokuchen am Ende nicht mehr von einer schleimigen Schlammkugel unterscheiden kann? Außerdem legte eine Studie kurz nach dem riesigen Hype nahe, dass Agavendicksaft nicht nur nicht so gesund ist, wie alle (außer mir) dachten, sondern sogar noch giftiger als herkömmlicher Zucker!

Ich liebe es, dass es in der Welt der gesunden Ernährung immer nur zwei Extreme gibt: Entweder ist ein Lebensmittel »Eine gesunde Alternative!« oder »Absolut krebserregend und giftiger als alles, was wir je zuvor gesehen haben!«.

Auf dem Höhepunkt der Agaven-Hysterie hätte ich also durchaus die Chance nutzen können, um mich wie ein teuflischer Bösewicht langsam in meinem Drehstuhl all den Menschen, die mich je von Agavendicksaft überzeugen wollten, zuzuwenden und schadenfroh zu sagen: »Nun, nun, nun. Sieh mal einer an, wer da zurückgekrochen kommt!« Aber das ist natürlich nicht mein Stil.

Ich ernähre mich durchaus bewusst, aber meine Einstellung zu ungesunden Lebensmitteln ist relativ entspannt. Weil ich weiß, dass sie in der Ernährungspyramide vielleicht nicht ganz unten steht, esse ich zum Beispiel nur einmal im Monat Torte. Umso mehr regt es mich also auf, wenn Menschen versuchen, mir dann eine »gesunde« Torte unterzujubeln, für die sie nur ein Drittel der empfohlenen Zuckermenge verwendet haben, weil sie furchtlose Food-Anarchisten sind, die unbedingt wollen, dass mein einziges Stück Torte im Monat wie altes Brot schmeckt. Nicht mit mir!

Meine größte Verachtung gilt übrigens den heuchlerischen Food-Hipstern, die man vermehrt in Großstädten antrifft. Diese besondere Gattung Mensch fühlt sich nicht selten bemüßigt, mit mir ein »ernsthaftes Gespräch« zu führen, weil ich ihnen allen Ernstes einen Tomatensalat angeboten habe, bei dem ich die grünen Stücke – die ihrer Meinung nach TÖDLICH sind – nicht entfernt habe. Das würde mich gar nicht so sehr aufregen, wenn diese Leute solche Aussagen nicht treffen würden, kurz nachdem sie sich ihre zwanzigste Zigarette des Tages gegönnt haben. Vielleicht erst mit dem Rauchen aufhören, bevor du über meinen Tomatensalat urteilst, Leon!?

Kürzlich war ich auf einer Geburtstagsparty bei neuen,

sehr ernährungsbewussten Freunden eingeladen, die ich über meine Kommilitonin Isabelle kennengelernt hatte. Ich war mir nicht sicher, ob sie die »Ist Michael ein cooler Typ oder ein Verrückter?«-Entscheidung bereits gefällt hatten, und wollte sie daher um jeden Preis von mir überzeugen.

So beschloss ich, etwas Selbstgebackenes mitzubringen, was sich leider als schwieriger herausstellen sollte als gedacht. Denn die Hälfte der Anwesenden, so wurde mir vorweg von Isabelle verraten, ernährte sich vegan. Wieder andere Gäste lebten glutenfrei. Drei, vier Freunde, so wurde mir schließlich gesagt, verzichteten auf Zucker – »das Crack der Neuzeit«, wie Isabelle es am Telefon beiläufig betitelte. Mein Kopf fing zu rauchen an, als ich überlegte, woraus mein Kuchen denn dann noch bestehen konnte. Sollte ich vielleicht doch lieber einfach Fallobst auf den Tisch knallen, ein paar Kerzen reinstecken und allen einen schönen Abend wünschen? Nein. Ich würde einen Weg finden, all meine neuen Freunde auf einen Schlag mit einer bombastischen Süßspeise glücklich zu machen – und wenn es das Letzte war, was ich tat.

»Hallo-ooo! Ich habe Brownies mitgebracht!«, verkündete ich also ein bisschen zu laut, als ich die Party Location betrat und senkte dann meinen Blick. »Vegan, glutenfrei und rein natürlich gesüßt!«, setzte ich nach einer dramatischen Pause halb flüsternd oben drauf, so als wäre es ein Geheimnis. Schon hatten sich die Leute im Halbkreis vor mir versammelt, um von meinem Mitbringsel zu kosten. Entweder das, oder sie warteten darauf, dass ich eine Stepptanznummer hinlegte.

Isabelle war besonders angetan von meiner Kreation und fragte, wo ich denn dieses Rezept herhätte. Da wenige Monate zuvor noch Schokobrownies mit Speckwürfeln mein Gastgeschenk auf einer Feier waren (ich hatte sie gebeten, das in diesem Freundeskreis nicht mal mit vorgehaltener Waffe zu erwähnen), ahnte sie wohl, dass ich es mir nicht selbst ausgedacht haben konnte.

»Hat mir Gwyneth empfohlen!«, antwortete ich lächelnd, so als wäre ich besonders stolz auf diese Tatsache. »Gwyneth?«, fragte die Gastgeberin Renate, die hellhörig geworden war, und legte ihre Stirn in Falten. Meine Fassade bröckelte allmählich, und mir dämmerte, wie dumm diese Aussage geklungen haben musste. Wenn ich nonchalant von einer »Empfehlung von Gwyneth« spreche, klingt das ein bisschen so, als würde ich von meiner schrulligen alten Nachbarin erzählen, die in regelmäßigen Abständen Rezepte für glutenfreie Backwaren unter meiner Tür durchschiebt. Natürlich ist die Oscar-Preisträgerin Gwyneth Paltrow gemeint, die nicht nur mir, sondern 700.000 anderen Lesern ihres Lifestyle-Newsletters *GOOP* dieses Brownie-Rezept aus einem ihrer Kochbücher empfohlen hat.

Ich konnte direkt fühlen, wie die Umstehenden heimlich ihre »Michael – cool oder verrückt?«-Liste zückten und einen Strich bei »verrückt« machten. Welcher normale Mensch liest schon den Lifestyle-Newsletter einer elitären Oscar-Preisträgerin? Ein Mensch, der will, dass

Bekannte mit ausgefallenen Ernährungsgewohnheiten ihn mögen natürlich!

Doch eines muss man Gwyneth lassen: Sie weiß, wovon sie spricht. Meine Brownies schienen rundum gut anzukommen. Die Gäste schmatzten, sagten Dinge wie »Hmm« und »Lecker«, und ich konnte förmlich spüren, dass ich auf dem besten Weg war, meine neuen Freunde endgültig von mir zu überzeugen.

Isabelle wusste, wie bemüht ich war, einen guten Eindruck zu hinterlassen, und holte zu einer Frage aus, bei der sie wusste, dass ich mit einer guten Antwort dienen konnte. »Michael, so gute Brownies!«, sagte sie. »Welche Zutaten hast du verwendet?«

Isabelle sei Dank! Angeregt zählte ich Dinge auf, die ich vor *GOOP* gar nicht gekannt hatte: »Ahornsirup, glutenfreies Mehl, Datteln, feinstes Kakaopulver und – da bin ich vom Rezept abgewichen – HONIG!«

Alle Anwesenden rissen ihre Augen weit auf. Ohne Zweifel, weil sie nicht fassen konnten, wie genial ich war. »Ihr habt schon richtig gehört: *HONIG*!«, wiederholte ich viel zu laut, als hätte ich mit meiner Kreativität den Vogel abgeschossen. »Ich habe den Teig gekostet und befunden, dass er für Brownies noch immer nicht süß genug war. Also habe ich improvisiert und als natürliches Süßungsmittel noch ein bisschen Honig dazugegeben. Lecker, oder? Nehmt euch ruhig noch einen!«

Fassungslos starrten mich alle an. Ich strich mir über den Mundwinkel, um zu checken, ob eventuell ein krosser Speckstreifen daraus hervorhing. Endlich meldete sich Renate zu Wort: »Michael, es ist wirklich halb so wild«, keuchte sie, »aber Honig ist nicht vegan. Das ist ein tierisches Produkt.«

Oh. Ja, stimmt irgendwie, Honig kommt ja von Bienen. Eine Tatsache, die ich in meiner Mission, einen guten Eindruck zu hinterlassen, völlig verdrängt hatte. Für einen kurzen Moment zog ich in Erwägung, noch schnell die Kurve zu kratzen. »Haha, erwischt!«, hätte ich schreien können, während ich mir auf den Oberschenkel klatschte. »Natürlich habe ich *keinen* Honig in den Teig gegeben. Ihr hättet eure Gesichter sehen sollen.«

Stattdessen beschloss ich, zu meinem Fehler zu stehen. Ja, ich hatte gerade eine Gruppe Veganer dazu gezwungen, ein tierisches Produkt zu essen und fühlte mich sehr schlimm deswegen. Ich hatte nicht nur mich selbst und meine Freunde enttäuscht, sondern zudem Gwyneth Paltrow verraten. Der Halbkreis, der sich um mich gebildet hatte, löste sich auf. Renate legte mir ihre Hand auf die Schulter. »Michael«, besänftigte sie mich, »ich weiß, du hast es gut gemeint.«

Ich hatte einfach nicht weit genug gedacht. Nach der Michi-Logik (der wirrsten aller Logiken) ist Honig vegan, da die Bienen nicht sterben und außerdem ja zu der Sorte von Tieren gehören, die wir ohnehin alle hassen. Weil diese Aussage jedoch von mir kommt – einem Vegetarier, der gerne mal Fleisch isst, solange er die Person kennt, die das Tier getötet hat –, würde ich ihr nicht zu viel Gültigkeit zubilligen.

Wie ihr an dieser Anekdote vielleicht erkannt habt, gilt mein Groll nicht Menschen mit Ernährungsunverträglichkeiten, sondern Leuten, die scheinbar unermessliche Freude daran haben, ein kleines bisschen schwierig zu sein. Vielleicht versuchen sie, ihrer Essstörung dieses gewisse Etwas zu geben, indem sie sich als »Freegan« bezeichnen. Oder aber, sie sind in einer großen Familie als eines von sechs Kindern aufgewachsen und wollen sich einzigartig wie eine Schneeflocke fühlen, indem sie den Starbucks-Barista bitten, ihren Venti Chai Latte mit lauwarmer Mandelmilch zuzubereiten und mit neuseeländischem Manuka-Honig zu süßen. Am meisten aber ärgert es mich, wenn meine Mitmenschen mir den Eindruck vermitteln, ich würde Rattengift in meine Backwaren mischen.

Einige Monate nach meinem Brownie-Desaster fand ich mich in einem Club wieder. Dort traf ich auf einen der damaligen Partygäste, der auf meine Brownies derart angeekelt reagiert hatte, als hätte ich versucht, ihm Plazenta unterzujubeln. Als sich unsere Blicke trafen, veränderte sich seine Miene blitzartig. Er musterte mich mit der Sorte Blick, die man normalerweise an den Tag legt, wenn man sich an eine besonders üble Darmgrippe erinnert.

»Michael, der Brownie-Mann!«, sagte er schließlich heiter über die laute Musik des Clubs hinweg. Obwohl ich nicht mehr auf Renates weitere Partys eingeladen worden war, freute es mich zu hören, dass ich offenbar einen bleibenden Eindruck hinterlassen hatte. »Ich habe

Acid dabei, wenn du magst?«, sagte er aus heiterem Himmel, als hätte er mir gerade eine Tasse Tee angeboten.

Hier haben wir, in aller Kürze zusammengefasst, genau das, was mich an solchen Menschen ärgert und was ich nie verstehen werde: Wie kann man andere dafür verurteilen, dass sie keinen »gesunden Lifestyle« führen, und nebenbei chemische Drogen nehmen? Wie kann man sich dermaßen über ein klein bisschen Honig in Brownies aufregen und es zugleich für vollkommen okay halten, einem nahezu Fremden nonchalant einen halluzinogenen Trip anzubieten?

Höflich lehnte ich sein Drogenangebot ab und tat so, als würde mich jemand vom anderen Ende des Clubs rufen. Ich habe es bis heute nicht kapiert: Zucker mag das Crack der Neuzeit sein, aber Acid bleibt immer noch Acid! Was ist los mit euch?

Buchingers Goldene Regeln

Ernähre dich, wie du willst Vegan, zuckerfrei, oder aber eine strikte Acid-Diät. Doch bitte urteile nicht über mich, wenn ich es dir nicht gleichtun möchte.

Hinterfrage dich selbst, bevor du über andere urteilst Es ist schön für dich, dass du dich für einen »No cruelty«-Lifestyle entschieden hast und ihn im Minutentakt erwähnst. Aber bist du dir auch sicher, dass die Federn aus deiner Daunenjacke vollkommen zart und schmerzlos vom Körper der Gänse gepflückt wurden?

Vergiss nie: Honig ist NICHT vegan Es scheint so offensichtlich, sollte aber an dieser Stelle noch einmal erwähnt werden.

Social-Media-Warnsignale

Vor diesen Facebook-Freunden, Twitter-Typen und Instagram-Irren solltet ihr euch in Acht nehmen.

Leute mit mehr als 50.000 Tweets

Nichts sagt deutlicher »Ich bin verrückt und werde versuchen, dich im Schlaf zu küssen!« als ein Twitter-Profil mit über 50.000 Tweets. Selbst, wenn besagter User schon seit fünf Jahren auf der Plattform aktiv ist, bedeutet das, dass er oder sie mehr als 25 Tweets am Tag verfasst, und das ist, wie ich euch leider offenbaren muss, einfach zu viel und ein klares Anzeichen dafür, dass es sich um eine extrem langweilige Person handelt. Kein Leben ist spannend genug, um einen 24/7-Liveticker auf Twitter zu rechtfertigen (das gilt natürlich nicht für Beyoncé, die jedoch seit 2009 ganze neun Tweets verfasst hat, was, wie ich finde, nur mein Argument bekräftigt).

Die meisten Menschen präsentieren auf ihren Social-Media-Accounts nur ein spannendes Best-of ihres Alltags, um besonders interessant zu wirken, und ich bezweifle, dass nach 50.000 Tweets à la »Habe wirklich Lust auf ein Glas Apfelsaft! *gg*« irgendjemand sagen wird: »WOW, diese Person wirkt ja wie eine Achterbahnfahrt der Unberechenbarkeit, ich *muss* sie kennenlernen!«

Leute, die ernsthaft den Hashtag #blessed verwenden

»Ein wunderschöner Sonnenuntergang auf Bora Bora! Ist es zu fassen, dass das mein Leben ist? #blessed«, schreiben sie etwa, und ich muss mich bemühen, dass ich nicht wieder so stark mit den Augen rolle, bis sie stecken bleiben. Ich kann es eigentlich ganz gut fassen, dass das dein Leben ist, aber es macht mir schon ein bisschen Sorgen, dass *du* es scheinbar nicht ganz glauben willst. Hast du noch nie einen Sonnenuntergang gesehen? Wurdest du gekidnappt? Verwende bei deinem nächsten Post das »Tanzende Frau im roten Kleid«-Emoji, um uns zu signalisieren, dass du Hilfe brauchst.

Abgesehen davon: Wenn es einen Gott gibt, der Leute segnet, ist es bestimmt nicht eine seiner größten Prioritäten, dich mit einem Urlaub auf Bora Bora zu beglücken. Vor diesen Leuten sollte man sich vor allem in Acht nehmen, da sie Angeber sind und ohne Zweifel jede Gelegenheit nutzen, um beiläufig fallen zu lassen, dass sie 2009 im Urlaub einmal Paris Hilton gesehen haben. Wie anstrengend.

Leute, die ihre sportlichen Aktivitäten mit Hilfe einer Tracking-App auf Facebook teilen

Zugegeben: Ich habe das mal zwei Wochen lang getan, und der Ansporn dafür war keineswegs, meinen sportlichen Fortschritt festhalten zu wollen, wie es immer alle behaupten. Mein sportlicher Fortschritt war mir herzlich egal: Vielmehr wollte ich erreichen, dass sich all meine Facebook-Freunde schlecht fühlen, weil sie nicht so sportlich sind wie ich, und hinter meinem Rücken Dinge sagen wie »Puh, Michi ist ziemlich fit. Letztens habe ich gesehen, wie er beim Dehnen mit der Hand seinen Fuß berührt hat!« (was, unter uns, nie passiert ist, selbst als Baby konnte ich das nicht). Leute, die also etwa ihre Laufstrecke auf Facebook teilen oder Selfies aus dem »Gym« (wann haben wir aufgehört, »Fitnessstudio« zu sagen?) auf Instagram zeigen, haben meistens Hintergedanken, und diese lauten: »Bitte beneidet mich und habt die Sorte Sex mit mir, bei der es nur um mich geht!«

Exhibitionistische Paare

Jedes Mal, wenn ich Bilder von Pärchen sehe, auf denen sie sich küssen oder halbnackt im Bett liegen, bin ich mir ziemlich sicher, dass sie einander insgeheim hassen und wünschten, der andere würde endlich Schluss machen. Ab und zu ein Bild ist ja durchaus okay, aber manche Beziehungen sind besser dokumentiert als das Leben der Kardashians. Übertriebene Zurschaustellung von Zuneigung erinnert mich immer an diesen einen Sommer, in dem ich mich dazu zwang, Salat zu essen und meinen Instagram-Feed mit Bildern meiner Mahlzeiten füllte. »Ich LIEBE meinen gemischten Salat mit Balsamico-Dressing! #yummy«, schrieb ich etwa. Doch es war eine dicke, fette Lüge, durch die ich vor allem versuchte, mir selbst einzureden, dass Salate toll sind. Newsflash: Das sind sie nicht, und ich bin mir sicher, der Pärchenalltag ist es auch nicht.

Schwule Männer, die auf Instagram die Hashtags #gayboy oder #instagay verwenden

Abgesehen davon, dass ich nicht verstehe, warum die sexuelle Orientierung so wichtig ist, dass sie in der Bildunterschrift erwähnt werden muss, verwenden diesen Hashtag erfahrungsgemäß nur sehr anzügliche Menschen, denen ich nicht einmal von dem absolut normalen und ernstzunehmenden Bartpflegeprodukt »Bartwichse« erzählen kann, ohne dass sie eine halbe Stunde lang lauthals lachen und nur aufhören, um zwischendurch lasziv zu zwinkern, während sie »Uh-lala« sagen.

Leute, die sich auf ihren Social Media-Accounts nicht zu erkennen geben

Wenn ich noch eine Freundschaftsanfrage von einer Person namens »Katzen Pfote« bekomme, deren Profilbild ein Baby in einem Blumentopf ist, ziehe ich mich schreiend in den Untergrund zurück. Nehme ich ihre Anfrage an, finde ich ohne Zweifel ein Profil ohne jegliche Informationen vor und bekomme allerhöchstens an meinem Geburtstag einen Pinnwandeintrag mit dem Inhalt »HB!«. Hier ein heißer Tipp für diese Mitmenschen: Wenn ihr gar keine Infos über euch preisgebt, wird jeder denken, dass ihr seine Mutter seid und eure Freundschaftsanfrage schneller ablehnen, als er »Es gibt auch Grenzen, Mama!« sagen kann.

Dubios sind auch jene Menschen (besonders oft auf Twitter anzutreffen), die Bilder berühmter Menschen als Profilbild haben. Je betrunkener ich bin, desto mehr erschrecke ich mich, wenn ich sehe, dass Justin Timberlake meinen letzten Tweet favorisiert hat, nur um zu realisieren, dass es sich in Wirklichkeit um ein 13-jähriges Mädchen handelt, das Justin liebt und sich selbst »Queenie Cookiemonster« nennt.

Leute, die auf Instagram 80.000 Follower, aber pro Bild nur 150 Likes haben

Sie sind, in anderen Worten, Lügner, die sich ihre Follower gekauft haben. Das lässt sich relativ leicht nachweisen, indem man sich die Liste der Leute, die ihnen folgen, ansieht und bemerkt, dass es sich etwa fast ausschließlich um Inder handelt, die ein Bild von einem Hautausschlag völlig sinnfrei mit »Cool photo!« kommentieren. »Aber mein Blog ist ein großer Hit in Indien!«, könnten sie dann vermutlich argumentieren. Es könnte mir ja auch herzlich egal sein, würden viele dieser Personen ihre Fake-Followerschaft nicht mit Vorliebe als Argument bei Marken-Kooperationen einsetzen. »Ich habe 80.000 Follower – darf ich gratis in eurem Hotel wohnen? Bestimmt bekommt ihr durch mich auch viele neue Kunden, denn mein Account ist *der* Renner in Indien!«

Menschen, die auf Facebook Vorname und Nachname vertauschen

Meistens handelt es sich um ältere Nutzer, die vermutlich glauben, dass das Erstellen eines Facebook-Profils ähnlich ernst zu nehmen ist wie das Anfordern eines Reisepasses. Sie heißen fortan also »Knopp Angelika«, schaffen es einfach nicht, diesen Namen zu ändern, und terrorisieren ihre Nichten und Neffen, indem sie unter ihre neuen Profilbilder Dinge schreiben wie: »Hallo Julia, du fesche Maus, wann kommst du mich und Onkel Ewald mal wieder besuchen???«

Leute, die den Strand lieben

Es gibt eine ganz bestimmte Sorte von Facebook-Nutzern, die ihr Profil gestalten, als handle es sich dabei um ein Moodboard für ihren nächsten Badeurlaub: Als Profilbild ein Selfie am Strand, als Titelbild eine Panorama-Aufnahme von Strand und Meer, und das Einzige, was sie je posten, sind Sprüche wie »Life's a beach!« oder »B.E.A.C.H. = Best Escape Anyone Can Have!!!«. Was ist bloß ihr Problem? So toll ist es auch nicht, wenn einem dauernd Sand ins Gesicht weht.

One-Night-Stand
und nie wieder

Ich verstehe es nicht. Bei mir löst schon der Gedanke, dass Freunde bei mir übernachten, Schnappatmung aus. Aber eine absolut fremde Person einzuladen, von der ich weder den Nachnamen noch ihren Standpunkt zu relevanten Themen wie einer möglichen Spice-Girls-Reunion kenne, und dann noch mit der Absicht, mit ihr Sex zu haben, scheint mir meschugge.

Obwohl ich eine ungeduldige Person bin und mir gerne mal ausmale, wie ich Passanten, die viel zu langsam vor mir hergehen, foltern könnte, leuchtet es mir nicht ein, warum ausgerechnet die Wahl meines Geschlechtspartners so banal sein sollte wie eine Bestellung bei McDonald's. Dennoch scheint es mir, als wären One-Night-Stands – besonders in meinem Freundeskreis – das Größte seit der Erfindung der Bratkartoffel. Woche für Woche erzählen mir meine Mitmenschen ungefragt von ihren spontanen Vögeleien, die sie entweder mit neuen Bekanntschaften aus Clubs oder gleich mit absolut Fremden aus dem Internet hatten.

»Es ist fantastisch!«, sagte mir eine Freundin letztens. »Ich habe einfach mit einem Typen ein paar Zeilen auf

Tinder geschrieben, und dann kam er auch schon vorbei. Der Small Talk hat sich aufs Minimum beschränkt, und nach vollendetem Akt ist er wieder gegangen, als wäre er ein Klempner, der seine Arbeit erledigt hatte.«

Mein Gesicht sprach Bände. Ich weiß nicht, was ich dubioser fand: dass mir meine Freundin diese Episode aus ihrem Leben nonchalant beim Brunch schilderte, oder aber die Tatsache, dass sie soeben Sex mit einem Wasserrohrbruch verglichen hatte.

Versteht mich nicht falsch! Ich bestelle so gut wie *alles* im Internet: Alkohol, Shampoo, Medikamente – you name it! Sehnlichst erwarte ich den Tag, an dem es einen Lieferservice gibt, der mir Cocktails an mein Bett bringt. Aber Sex? Hier ziehe ich die Grenze. Aus ebendiesem Grund behandeln mich meine Freunde, als wäre ich eine frigide alte Rentnerin, für die ein verruchter Abend darin besteht, einen Groschenroman zu lesen und von einem pikanten Knabbermix zu naschen.

Irgendwann im Laufe dieser heißen Anekdoten meiner Freunde tätige ich also meist einen besorgten Zwischenruf und frage etwa: »Aber wie kannst du mit jemandem Sex haben, dessen NACHNAMEN du nicht kennst?« Ihr merkt, Nachnamen sind für mich ähnlich ausschlaggebend wie für andere Menschen Horoskope.

Kenne ich vor dem Sexualakt den Vor- und Nachnamen einer Person, kann ich sie googeln, um sicherzugehen, dass sie in den Medien nicht auch als »der brutale One-Night-Stand-Killer aus Wien« bekannt ist. Außerdem finde ich, dass Namen generell sehr viel über eine

Person aussagen. Stellt euch nur vor, ich würde mit einem Typen Sex haben und im Nachhinein erfahren, dass er einen lächerlichen Nachnamen wie etwa »Engelbrecht« oder »Voggenbauer« hat. Ich könnte nicht mehr in den Spiegel schauen.

Klar gab es schon Fälle, in denen ich mich spontan so sehr zu einem Mitmenschen hingezogen fühlte, dass ich ihn am liebsten schneller vernascht hätte als ein Stück Geburtstagstorte. Doch ich urteile viel zu schnell über andere, um meine Fantasien rechtzeitig in die Tat umsetzen zu können. Ich muss mein Gegenüber nur dabei erwischen, wie es »Bruschetta« falsch ausspricht oder besonders schrill lacht, und all der Zauber ist verflogen.

Vielleicht bin ich zu streng, aber wenn jemand schon bei einem kleinen Gag Töne von sich gibt, die nur Hunde hören können, möchte ich mir nicht ausmalen, wie diese Person sich verhält, wenn sie gänzlich dem Michi-Fieber (wie ich Geschlechtsverkehr mit mir liebevoll nenne) ausgeliefert ist. Es sind Kleinigkeiten wie diese, die mich von One-Night-Stands abhalten.

Doch eines Tages kam es, wie es kommen musste: Angetrieben von den pikanten Storys meiner Mitmenschen und dem Gefühl, dass ich mit Anfang 20 so unsexy lebte, als hätte ich die Liebe meines Lebens im Krieg verloren, beschloss ich, relativ spontanen Sex mit einem jungen Mann zu haben. Leider handelte es sich dabei nicht um irgendeinen Typen, den ich im Club kennengelernt hatte, sondern ausgerechnet um einen Journalisten, dessen Aufgabe es eigentlich war, mich zu interviewen. Ich bin ein relativ offenes Buch, aber wer hätte ahnen können, dass ich mich ihm im Rahmen unseres Interviews gleich so sehr öffnen würde?

»Diese Story wurde mir von meinem Chef zugeteilt. Eigentlich habe ich keinen persönlichen Bezug zu You-Tube«, erklärte mir Flo, Journalist bei einer Wiener Zeitung, gleich zu Beginn unserer Unterhaltung. Diese Aussage schockierte mich bis ins Knochenmark. Für einen Moment hatte ich doch glatt gedacht, bei der Redaktionssitzung hätte man eine Lotterie veranstalten müssen, um das heißbegehrte Interview mit einem minder erfolgreichen YouTuber zu verlosen.

»Es tut mir leid, aber es darf wirklich nur *eine* Person mit Michi Buchinger reden!«, hatte der Chefredakteur mit ziemlicher Sicherheit seine Angestellten vertrösten müssen.

Scherz beiseite: Die meisten Leute, die mich interviewen, haben absolut keine Ahnung, wer ich bin, und vermuten zumeist, dass ich Conchita Wurst ohne Make-up und Perücke bin.

Auch Flo brachte für unsere Unterhaltung zunächst ähnlich viel Enthusiasmus auf wie ich für einen gesunden Salat. Obwohl er wie die Sorte Person wirkte, die an Freitagabenden zu Hause blieb, um förmliche Beschwerden an das Innenministerium zu verfassen, fühlte ich mich – wie bei allen Männern, die sich nicht für mich interessieren – schon sehr bald zu diesem Reporter hingezogen.

Für gewöhnlich halte ich nichts davon, Privates mit

Beruflichem zu vermischen, doch an diesem Nachmittag war mir besonders langweilig und ich fühlte mich gewillt, meinen promiskuitiven Freunden auch bald lasziv aus dem Nähkästchen erzählen zu können.

Sobald ich merke, dass eine Person mich nicht mag (was überraschend oft der Fall ist), versuche ich, mein Gegenüber auf nahezu zwanghafte Weise von mir zu überzeugen. Wenn ich die nötigen Mittel dazu hätte, würde ich einen Song und einen Tanz performen, gegen deren Ende ein Banner mit der Aufschrift »Bitte mag mich!« von der Decke ploppt.

Während Flo mir also lustlos eine Frage nach der anderen stellte, versuchte ich, mit meinen Antworten beiläufig meine positiven Attribute hervorzuheben. Und meine Bemühungen machten sich bezahlt: Nach einiger Zeit war es mir tatsächlich gelungen, Flo zum Lachen zu bringen. Zugegeben: Es war die Sorte Lachen, die sich die meisten Menschen für rassistische Kommentare ihrer Großmutter aufheben, aber es war schon mal ein Anfang. Das Eis war jedenfalls gebrochen.

Wenige Tage nach unserem Interview erreichte mich eine E-Mail von Flo, der »weitere wichtige Details« zu meiner Person für den Artikel haben wollte. »Weitere wichtige Details«? Da es sich bei dieser Story nicht unbedingt um die Berichterstattung zum O.-J.-Simpson-Fall handelte, klang diese Aussage für mich in etwa so glaubwürdig wie meine Behauptung, »heute Abend noch Besuch« zu haben, wenn ich kurz vor Ladenschluss in eine Konditorei platze und drei Stück Torte verlange.

Da ich, in einem Versuch, gebildet zu wirken, auch den ein oder anderen französischen Ausdruck verwendete, schrieb der knallharte Reporter: »Oh, du kannst also gut Französisch? ;-)«, als hätte er *Sexuelle Anspielungen für Dummies* offen neben sich liegen gehabt. Ich verdrehte die Augen. Flo war wahnsinnig schlecht im Flirten.

Kurz darauf schlug er vor, sich zu einer »Nachbesprechung« bei ihm zu Hause zu treffen. Ein perfekter Ort für dieses Happening, wie er erklärte, da dort auch sein ganzes »Equipment« sei.

»Oh ja, ich möchte wetten, dass dort dein Equipment ist«, säuselte ich lasziv in den Bildschirm, was zugegeben ein bisschen strange war, da ich ganz allein zu Hause saß. Es war vielleicht eines meiner ersten Interviews, aber es war definitiv nicht mein erstes Mal beim Rodeo. An jenem Abend begrüßte mich Flo bereits mit einer Flasche Wein, und ich machte es mir zu meinem persönlichen Vorsatz des Abends, diese in Rekordzeit zu leeren. Angetrunken hatte ich also meinen ersten One-Night-Stand, an den ich mich – wie es bei solchen Ereignissen vermutlich sein muss – überhaupt nicht erinnern kann.

Als ich am nächsten Morgen erwachte, schlich ich aus dem Schlafzimmer, sammelte so leise wie möglich meine Kleidung ein und verschwand aus der Wohnung, ohne ihn zu wecken.

Schon wenige Tage später traf ich mich mit Freunden zum Abendessen und fühlte mich transformiert. »Nie erratet ihr, was ich letztens gemacht habe!«, leitete ich ein, während ich lasziv meinen Blick senkte, als wäre ich eine der Ladies aus *Sex and the City*, die gleich eine viel zu intime Geschichte beim Frühstück erzählen und dabei beknackte Zweideutigkeiten wie »Das nenne ich mal einen Kaffee mit Schuss!« springen lassen.

Ungehemmt erzählte ich von meinem One-Night-Stand und meine Freunde jubelten mit mir. Ohne Zweifel dachten wir alle, dass dies die Geburtsstunde eines neuen, besseren Michael sein sollte, der Sex à la carte genießt und im Sommer gerne riesige Strandhüte trägt.

Meine Freude sollte jedoch erlöschen, als Flos Artikel erschien. Bis zu diesem Zeitpunkt war es mir überhaupt nicht in den Sinn gekommen, dass mein Interviewpartner, den ich kurzerhand zu meinem Sexualpartner upgegradet hatte, ein Problem mit meinem fluchtartigen Verschwinden gehabt haben könnte.

Doch sein Artikel sagte etwas anderes. Wollte man Flo glauben, so war ich ein »nicht sonderlich einzigartiger Mittzwanziger« (zu diesem Zeitpunkt war ich gerade erst 20! LÜGENPRESSE!), der im Grunde genommen durch »inhaltsfreie Selbstdarstellung« sein Geld verdiente und sich vor allem durch »übertrieben dramatische Handbewegungen« auszeichnete.

Ich war außer mir vor Wut. Der gesamte Artikel war gespickt mit gemeinen Spitzen gegen mich sowie peinlichen O-Tönen wie »Ist Chile in Mexiko?«, die ich maximal getätigt habe, nachdem das Interview zu Ende war und unser One-Night-Stand begonnen hatte. Wütend donnerte ich die Zeitung in die Ecke des Raumes. Das war es also, was ich dafür bekam, wenn ich mal ausnahmsweise nicht verklemmt war!

Was mich an diesem Debakel am meisten störte, war nicht Flos Artikel (ich nehme alle Presse, die ich kriegen kann!), sondern vielmehr die Tatsache, dass ich die Situation hätte vermeiden können, wenn ich einfach bei meinem Standpunkt geblieben wäre: One-Night-Stands sind komisch, ich verstehe sie nicht und ich möchte sie daher auch nicht haben.

Der Interviewer war zwar attraktiv, aber mir von Anfang an ein bisschen unsympathisch gewesen, doch aus einer Laune heraus hatte ich mir gedacht, dass es eine »lustige Geschichte« wäre, auf seinen Flirt einzusteigen, was absolut keinen Sinn ergibt. Flo war die Sorte Person, mit der ich mich nicht mal gerne zum Kaffee treffen würde; warum also sollte ich mit ihm Sex haben?

Der Sinn von One-Night-Stands ist es doch, die andere Person so wenig wie möglich zu kennen, aber auch das wurde mir zum Verhängnis. Hätte ich mir die Mühe gemacht, Flo ein bisschen kennenzulernen, hätte ich gewusst, dass Flo die Sorte Person war, die selbst nach einer magischen Nacht einen fiesen Artikel schreiben konnte.

Doch das Schlimmste: Ich hatte meine eigene Goldene Regel gebrochen. Völlig benommen von der Euphorie meiner Eroberung war ich eine der Personen geworden, über die ich im Normalfall mit Vorliebe urteilte. Denn erst, als ich das Magazin in Händen hielt und den unfreundlichen Artikel las, sah ich zum ersten Mal Flos Nachnamen. Und der war ziemlich bescheuert.

Buchingers Goldene Regeln

Google deinen One-Night-Stand VORHER Wie lautet ihr/sein Nachname? Hat sie/er ein verrücktes Haustier, wie zum Beispiel einen Leguan? Wie lautet ihr/sein Netflix-Passwort?

Habe keine One-Night-Stands, nur um dich interessant zu machen Geschichten über Dörrpflaumen und andere Snacks sind meiner Meinung nach mindestens genauso spannend. Lasse dabei kein pikantes Detail aus: Wie viele Dörrpflaumen hast du gegessen? Wie war ihre Konsistenz?

Schlafe nicht mit Journalisten Ich bin ganz für eindringliche Reportagen, aber es gibt auch Grenzen.

Manieren statt Blamieren – Michis Benimm-Guide

Bereits im Teenageralter entwickelte ich eine Begeisterung für Benimmbücher, die bis zum heutigen Tag anhält. Damals entdeckte ich ein Buch mit dem lakonischen Titel *Manieren* aus den 50er Jahren im Bücherregal meiner Eltern, das Lösungen für die absurdesten Debakel des Alltags bot. Ein Kapitel, das mir besonders in Erinnerung geblieben ist, beschreibt im Detail, was man tun sollte, wenn man neben einer Frau die Treppe hinabgeht und einem ein anderes Paar entgegenkommt. Lasse ich der Frau neben mir den Vortritt oder der Frau, die mir entgegenkommt? Was passiert mit dem anderen Mann? Werde ich *seine* Gefühle verletzen, indem ich *meiner* Frau den Vortritt lasse?

In diesem Moment wusste ich zwei Dinge ganz genau:

1. Ich würde fortan immer den Aufzug nehmen.
2. Ich liebte dieses Buch über alles.

Während meine Klassenkameraden sich an den Wochenenden regelmäßig einen hinter die Binde kippten, machte ich es mir mit einem dicken Buch über Manieren zu

Hause gemütlich. Mein liebster Schmöker dieser Sorte ist bis zum heutigen Tag die nahezu 800 Seiten umfassende Benimmbibel *Emily Post's Etiquette*, in der alle Themen von Hochzeiten bis hin zu korrektem Verhalten an der Supermarktkasse behandelt werden. Auch wenn ich zu diesem Zeitpunkt meines Lebens noch nie ein feines Restaurant betreten hatte und es schon für den Gipfel der Eleganz hielt, bei McDonald's mein eigenes Tablett haben zu dürfen, hatte es etwas Beruhigendes, zu wissen, dass in diesem Buch Lösungen für so gut wie alle Tücken des Alltags zu finden waren.

Im Alter von 15 Jahren avancierte ich zum absoluten Benimmexperten, und es passierte nicht selten, dass sich meine Mitmenschen Rat von mir holten. »Michael, ich muss dich etwas fragen«, sagte mein Vater eines Tages und setzte sich mir gegenüber hin. »Was soll ich tun, wenn ich mit einer Frau ein Lokal betrete? Soll ich ihr die Tür aufhalten, oder ist es beleidigend, das zu tun?«

Nach einer Kunstpause blickte ich meinem Vater gelassen in die Augen. »Die Zeiten haben sich geändert«, leitete ich wissend ein, als wäre ich der Verfasser einer Ratgeberkolumne namens *Manieren mit Michi*. »Wer zuerst die Tür erreicht, sollte sie öffnen.«

Mein Vater bedankte sich und verließ den Raum, ohne Zweifel dankbar für meinen lebensrettenden Rat.

Seitdem ist einige Zeit vergangen, und wer mich kennt, weiß, dass ich die Regeln dieser Benimmbibeln definitiv nicht mehr auf Punkt und Beistrich befolge: Eine Autofahrt mit mir beweist zum Beispiel, dass die Hupe nicht nur ein nützliches Warnsignal ist, sondern durchaus auch dazu verwendet werden kann, andere Autofahrer darauf hinzuweisen, dass sie Vollidioten sind, weil sie scheinbar nach dem Motto leben: »Ich könnte zwar 50 fahren, aber bei 30 habe ich mehr von der schönen Aussicht!« (Manchmal strecke ich dabei auch meine Faust drohend aus dem Fenster, um meinen Standpunkt zu verdeutlichen.) Dennoch fällt mir immer wieder auf, dass es sehr viele Menschen gibt, die keine Ahnung haben, wie man sich gut benimmt.

Bitte versteht mich nicht falsch: Es ist mir relativ egal, ob jemand weiß, welche Gabel im Restaurant für welchen Gang gedacht ist. Das ist nicht wirklich wichtig, und wenn man die Dinge mit genug Selbstbewusstsein tut, fällt niemandem auf, dass man keine Ahnung hat (bestes Beispiel: dieses Buch). Gutes Benehmen ist für mich, wenn es einer Person wichtig ist, wie ihre Mitmenschen sich fühlen. Anhand des Benehmens einer Person kann man sehr viel über ihren Charakter erfahren. Um euch vor unhöflichen Menschen zu schützen, präsentiere ich euch nun die meiner Meinung nach größten Vergehen:

Zu spät kommen

Ich verstehe nicht, wie es überhaupt noch möglich ist, zu spät zu kommen. Jedes technische Gerät, das ich besitze – von meinem Handy bis hin zu meiner Fritteuse – kann mir sagen, wie spät es ist, und sollte ich es wirklich nicht wissen, kann ich immer noch über meine Sozialphobie springen und jemanden nach der Uhrzeit fragen. Wir leben außerdem in einem Zeitalter, in dem wir die Möglichkeit haben, einander ständig und zu jedem Zeitpunkt zu erreichen. Doch wie es das Schicksal so will, rufen meine Freunde immer exakt in dem Moment an, in dem ich meditiere (was zweimal im Jahr der Fall ist!), schaffen es aber nie, mir telefonisch Bescheid zu geben, wenn sie sich verspäten.

Es gibt nichts Unangenehmeres für mich, als eine halbe Stunde lang allein in einem Lokal zu sitzen und in dieser Zeit etwa 15-mal den Satz »Oh nein, diese Stühle können Sie nicht haben, meine Freunde kommen gleich!« sagen zu müssen. Die mitleidigen Blicke der Kellner sprechen Bände: Bestimmt denken sie, dass ich gar keine Freunde habe und mir allein eine Brunch-Platte für vier Personen bestellen werde, während deren Verzehr ich immer wieder Sätze wie »Ach Mädels, ich bin so froh, Menschen wie euch in meinem Leben zu haben« ins traurige Nichts sage.

Wenn meine Freunde dann endlich mit 30 Minuten Verspätung ankommen, sagen sie ohne Zweifel etwas völlig Sinnloses wie: »Entschuldige, die U-Bahn war heute wieder total voll!« Nicht mit mir! Wie denkst du denn, dass ich hierhergekommen bin, Bianca? Natürlich ist die U-Bahn am Sonntagvormittag voll, deswegen bin *ich* ja auch fünf Minuten früher aus dem Haus gegangen.

Seit neuestem räume ich mir das Recht ein, nach einer halben Stunde des Wartens (ohne dass meine Verabredung mich kontaktiert hätte) einfach wieder nach

Hause zu gehen und mich zurück ins Bett zu verkriechen, wo ich von pünktlichen Menschen und einer nie leer werdenden Brunch-Platte träume.

Unfreundliches Verhalten gegenüber Kellnern und Verkäufern

Nichts ist aussagekräftiger, als wenn das Date einen selbst zwar mit Komplimenten überhäuft, dafür aber die Kellnerin so behandelt, als wäre sie für den Zweiten Weltkrieg verantwortlich. Die Art und Weise, in der man Angestellte im Dienstleistungsbereich behandelt, verrät meiner Meinung nach sehr viel über den Charakter einer Person.

Ähnliches gilt für Menschen, die auf völlig normale Fragen passiv-aggressiv reagieren. Ja, es ist ein bisschen komisch, wenn man in ein Geschäft kommt und die Verkäuferin bereits zwei Sekunden nach Eintritt fragt, ob sie denn behilflich sein könne. Nachdem man ihr höflich gesagt hat, dass das nicht der Fall ist, vernimmt man ihre Stimme zwei Minuten später erneut, wenn man bereits in der Umkleidekabine ist und ein Kleidungsstück anprobiert.

»Ist alles okay da drinnen?«, möchte sie wissen.

Ich probiere ein T-Shirt an, denke ich in solchen Momenten. Zwar bin ich definitiv nicht die geschickteste Person der Welt, aber was könnte dabei schon schiefgehen? »Gut, dass Sie fragen«, rufe ich dann raus, »das T-Shirt hat wie von Zauberhand Feuer gefangen!«

Später, wenn ich meine Ware bezahle, möchte sie

schließlich von mir wissen, wie meine »Shopping Experience« heute war. Sie formuliert das so, als hätte ich gerade ein Yoga Retreat oder einen Workshop der Performance-Künstlerin Marina Abramović besucht und hätte jetzt Unmengen an Eindrücken und Erleuchtungen, die ich loswerden muss.

Auch mich nerven solche Fragen. Das ist aber kein Grund, die Verkäuferin schnippisch anzufauchen, dass sie endlich ruhig sein soll. Wir wissen doch alle, dass es sie überhaupt nicht interessiert, wie es mir geht, was ich suche und ob mir der Einkauf gefallen hat. Sie fürchtet einfach, dass ich ein Mystery Shopper bin, der, wenn sie diese Fragen nicht stellt, seine Maske vom Kopf reißt und schreit: »Aaaa-ha! Sie haben mich nicht gefragt, wie es mir geht. Sie sind gefeuert!«, bevor ich teuflisch lachend auf meinem Hexenbesen aus dem Geschäft fliege.

Seien wir doch alle ein bisschen netter zueinander.

Handys, Handys, Handys

Ich weiß: Wir alle lieben unsere Mobiltelefone. Auch ich erwische mich nicht selten dabei, wie ich mir wünschte, meine Mitmenschen würden endlich aufhören, mir Dinge zu erzählen, damit ich in mein Handy starren und in Ruhe *Angry Birds* spielen kann. Dennoch habe ich die Regel, bei Unterhaltungen mit anderen Menschen mein Telefon wie diesen Ausschlag auf meinem Rücken zu behandeln und es einfach zu ignorieren. Ich wünschte, andere Leute würden es mir gleichtun.

Vor ein paar Jahren hatte ich zum Beispiel ein Date

mit einem jungen Mann, den ich beim Ausgehen kennengelernt hatte. Ich war gerade dabei, eine extrem witzige Geschichte darüber zu erzählen, dass meine Nachbarn immer laut Sex hätten und ich nicht wüsste, ob und wie ich sie auf diese Lärmbelästigung ansprechen sollte, als das Handy meines Dates bereits zum dritten Mal den Eingang einer SMS verkündete. Ein höflicher Mensch hätte sich entschuldigt, doch mein Date wies mich stattdessen mit erhobenem Zeigefinger an, mal bitte kurz ruhig zu sein, da er die Nachricht sofort beantworten müsse und scheinbar nicht multitaskingfähig war. Was sollte das? Ich hatte extra meinen *Mord ist ihr Hobby*-Marathon unterbrochen, um diesen Typen zu treffen!

Klar fand ich es komisch, dass er mich wie einen Hund behandelte, dem er mit Hilfe eines Handzeichens bedeutete, mal kurz nicht zu kläffen, aber ich dachte mir im ersten Moment nichts dabei. Vielleicht liegt seine Oma ja im Sterben und sie schreibt ihm Abschieds-SMS!, argumentierte ich innerlich. Weil ich das jedoch für ziemlich unwahrscheinlich hielt und ich mit meiner irrsinnig spannenden Sex-Geschichte endlich zum Höhepunkt (ich gebe mir an dieser Stelle selbst ein High-Five für mein kleines Wortspiel) kommen wollte, hakte ich nach: »Wer schreibt dir denn?«

»Ach, das ist ein Freund von mir! Er ist so witzig! Er hat seit ein paar Tagen Streit mit seinen beiden Mitbewohnerinnen. Das sind aber eh zwei ganz Nette ...«

Schon war meine Nachbarschafts-Sex-Geschichte (deren Pointe es übrigens war, dass ich ihnen einen

Dreier anbieten wollte) in den Hintergrund gedrängt und Benjamin, der ach so witzige Kumpel meines Dates, zum neuen Mittelpunkt des Abends ernannt worden. Mein Gegenüber zeigte mir Bilder von ihm, und gemeinsam ließen wir uns kreative Antworten auf seine ständigen SMS-Nachrichten einfallen, während ich insgeheim wünschte, zu Hause vor dem Fernseher zu sitzen und Jessica Fletcher dabei zu helfen, einen weiteren kniffligen Fall zu lösen.

Kein Gastgeschenk mitbringen

Ich bin altmodisch. Meiner Meinung nach sind Dörrpflaumen nicht nur der Gipfel des Hochgenusses, nein, ich finde auch, dass es zum guten Ton gehört, ein Gastgeschenk mitzubringen, wenn man zu jemandem nach Hause eingeladen wird. Schockiert muss ich feststellen, dass sich fast niemand mehr an diese alteingesessene Benimmregel hält – und nein: Ein Joint, den man unabsichtlich im Badezimmer liegen lässt, zählt nicht (trotzdem danke).

Wenn ich Leute zu mir nach Hause einlade und nicht nur jede Menge Alkohol für sie zur Verfügung stelle, sondern auch noch koche (was, da ich so gut wie nie koche, im Michi-Universum einer Organspende gleichzusetzen ist), erwarte ich auf jeden Fall von ihnen, dass sie so viele Gastgeschenke in ihren Händen tragen, dass sie die Türklingel mit ihrem Ellbogen betätigen müssen.

Doch Mal für Mal erscheinen Gäste entweder mit leeren Händen oder aber mit unsinnigen Mitbringseln wie Seifen oder Duftkerzen, die ich als passiv-aggressiven

Kommentar zu meinem Körpergeruch deute. Ich würde es sehr begrüßen, wenn ihr das nächste Mal etwas Nützliches – etwa harten Alkohol oder einen saftigen Kuchen – dabeihabt.

Diese Unhöflichkeiten, und das sind nur die schlimmsten, regen mich fürchterlich auf und wecken in mir das Bedürfnis, auf gewisse Menschen mit einem 800-seitigen Benimmbuch einzuschlagen. Es kann doch nicht so schwer sein, nett und rücksichtsvoll zu sein. Die Art und Weise, wie wir unsere Mitmenschen behandeln, scheint uns vielleicht oft unwichtig, aber dennoch sind es die kleinen Gesten, die den größten Unterschied machen. Ich merke mir immer, wie ich mich von anderen Menschen behandelt fühle. Ein genervtes Augenrollen von meiner Kollegin beschäftigt mich oft länger, als es sollte, während das freundliche Lächeln eines Fremden mich meist ungemein beschwingt.

Doch ich bleibe hoffnungsvoll! Und gebe euch einen exklusiven Tipp, der all die Benimmbücher, die ich in meiner Jugend gelesen habe, präzise zusammenfasst und euer Leben sowie das eurer Mitmenschen um einiges verbessern wird:

Buchingers Goldene Regel

Sei einfach kein Arschloch.

Mein Leben als
Selfie-Objekt

Wollt ihr einen völlig prätentiösen Satz hören? Okay: Eine Person des öffentlichen Lebens zu sein, hat nicht nur Vorteile. Sicher: Manchmal ist es einfacher, eine Reservierung in einem Restaurant zu bekommen, und ich kann mich vage daran erinnern, dass ein Starbucks-Mitarbeiter im Jahr 2014 meinem Heißgetränk einmal einen Gratis-Sirup-Shot hinzugefügt hat, also kann ich mich grundsätzlich nicht beschweren. Dennoch habe ich oft den Eindruck, von vielen nicht als Person, sondern als Requisite für ihre Selfies wahrgenommen zu werden.

Ich erinnere mich noch gut an jenen Morgen, als ich um 7 Uhr 30 von einer SMS geweckt wurde. Ich war schon kurz davor, wieder einzuschlafen, um weiter von einem Comeback der Spice Girls zu träumen, war dann aber doch zu neugierig. »Hey, Michi, wohnst du wirklich hier?«, fragte der Verfasser mich, woraufhin er meine Adresse nannte. »Kannst du runterkommen und ein Selfie mit mir machen?«

Abgesehen davon, dass ich ein derartiges Eindringen in meine Privatsphäre nicht goutiere, muss ich mich fragen: Ist ein Selfie mit mir wirklich so erstrebenswert, dass man zu solchen Mitteln greifen muss? Ich erinnere mich an meine Schulzeit, als die Leute mich aus Partybildern herausschnitten, bevor sie sie auf Facebook stellten. Heute springen Leute aus fahrenden Autos oder laufen mir auf der Straße nach, um ein Foto mit mir zu ergattern, als wäre es das Goldene Ticket aus *Charlie und die Schokoladenfabrik*. Das ist grundsätzlich ganz schmeichelhaft, nur verstehe ich nicht ganz, seit wann Bilder wichtiger als echte Unterhaltungen sind.

Oft werde ich von Leuten auf der Straße angesprochen. Viele von ihnen sind sehr nett, aber einige sagen nicht mal hallo oder fragen, wie es mir geht, sondern sagen als Erstes: »Darf ich ein Selfie?«, was – unter uns – nicht einmal ein korrekter deutscher Satz ist, aber okay. Dann machen wir ein Foto, sie verschwinden sofort darauf grußlos, und ohne Zweifel finde ich bereits 15 Minuten später unser gemeinsames Bild auf Instagram, mit der Bildunterschrift: »Hab Michi Buchinger getroffen – so ein toller Moment!!!«, obwohl wir uns – wie ich an dieser Stelle allen gerne in Erinnerung rufen möchte – überhaupt nicht miteinander unterhalten haben.

Die allerschlimmsten Menschen sind jedoch jene, die in der U-Bahn, in Restaurants oder an anderen öffentlichen Orten heimlich Fotos von bekannten Persönlichkeiten machen. Eine Person abzulichten, die sich unbeobachtet fühlt und nicht weiß, dass sie in eurer »BeSt FriEndZ 4Eva«-WhatsApp-Gruppe landen wird, ist einfach nur gemein. Diese Praxis ist auch in meinem Freundeskreis stark verbreitet, und ich verstehe nicht, was in diese Leute gefahren ist. Ging ein »So verhält man sich absolut fürchterlich«-Newsletter rum, den ich verpasst habe?

Da es viele Probleme und Unklarheiten in diesem Bereich zu geben scheint, habe ich hier »Michis Guide zur erfolgreichen Interaktion mit bekannten Persönlichkeiten« für euch:

1. Hallo sagen! Stellt Augenkontakt her und sagt einfach hallo, wie zu einer normalen Person. Studien zeigen, dass auch bekannte Persönlichkeiten genau wie du und ich sind!

2. Höflicher Small Talk! Redet über das Wetter, süße Katzenbabys oder sagt einfach, warum ihr die Person gerne mögt, so was hört jeder gern.

3. Action! Nachdem ihr ein bisschen geplänkelt und die Stimmung eures Gegenübers ausgetestet habt, ist es durchaus okay, nach einem Foto zu fragen, wenn ihr tatsächlich eines wollt.

4. Verabschiedung Sagt adieu und klopft euch selbst auf die Schulter in dem Wissen, dass ihr euch während dieser Interaktion nicht wie ein kreischender Fan in der ersten Reihe eines Ariana-Grande-Konzerts verhalten habt.

Bestimmt klingt das alles fürchterlich unsympathisch und wie ein überflüssiges Erste-Welt-Problem für euch, aber ich finde es einfach sehr schade, zu sehen, dass viele Menschen mehr damit beschäftigt sind, einen Moment für ihre Instagram-Follower festzuhalten, als diesen Moment tatsächlich zu genießen. Ich kann mich nicht an ein einziges Konzert in den letzten Jahren erinnern, auf dem mir die Sicht auf die Bühne nicht durch unzählige Smartphones verdeckt wurde.

Viel mehr als Menschen, die so agieren, regen mich jedoch Freunde auf, die mich wissen lassen, dass ich selbst schuld an Situationen wie diesen sei, da zudringliche Fremde ja wohl »der Preis des Ruhms« seien. Das ist meiner Meinung nach eine wirklich dumme Logik. Bestimmt glauben diese Menschen auch, dass ein gebrochenes Bein der Preis des Rollerskatens ist oder dass man damit rechnen muss, dass die Katze von einem Auto überfahren werden könnte. Ich bin sicher, diese Miesepeter sind gerngesehene Gäste auf jeder Party.

Wie ihr vielleicht merkt, fühle ich mich ein bisschen missverstanden, was diese Dinge betrifft. Einige meiner Freunde verstehen nicht, dass ich nicht entzückt war, eines Abends einen handgeschriebenen Brief eines Bewunderers vor meiner Wohnungstür zu finden. Es fängt mit einem Brief an und endet mit meiner in der Donau treibenden Leiche!

Einige Monate später, beim Dreh eines Werbespots, sollte ich schließlich jemanden kennenlernen, der Verständnis für mein Problem hatte.

Ich bin ein fürchterlicher Schauspieler. Ich schaffe es nicht mal, meinem Zahnarzt vorzugaukeln, dass ich regelmäßig Zahnseide verwende, geschweige denn, Sätze aus einem Skript vorzutragen, ohne dabei wie ein Roboter aus einem Science-Fiction-Film zu klingen. Umso mehr überraschte es mich, als ich eine Anfrage bekam, in einem Online-Werbespot für eine bekannte Automarke mitzuspielen. Meine Rolle als »Passagier #2« hätte facettenreicher nicht sein können. Obwohl sich mein Text auf ein Minimum beschränkte, konnte ich nicht aufhören, mir Gedanken über meine Figur zu machen: Wer war dieser Passagier und wo wollte er hin mit seinem Leben? Sollte ich eine Woche lang als Beifahrer verbringen, um mich in die Rolle hineinzufühlen? Genau diese Fragen richtete ich im Vorfeld auch an die Regisseurin des Spots.

»Er ist Beifahrer in einem Auto und möchte in den Skiurlaub«, antwortete sie trocken, als würde sie es bereuen, mir ihre Nummer gegeben zu haben. »Mehr gibt es nicht zu wissen. Eigentlich sollst du auch nur reagieren; Walter ist derjenige, der den meisten Text hat.«

Als Fahrer des Wagens wurde ein älterer österreichischer Schauspieler engagiert, nennen wir ihn mal Walter, der seit über 30 Jahren im Geschäft war. Zu behaupten, dass ich absolut nervös war, wäre also die Untertreibung des Jahrhunderts. Wer auch immer die Entscheidung getroffen hatte, jemanden wie mich, der das schauspielerische Talent eines Kartoffelsacks hat, mit einem erfahrenen Film- und Fernsehschauspieler zu kombinieren, würde spätestens am Drehtag – gleich nach mir – seinen Job verlieren.

Am Tag des Drehs sprang ich um fünf Uhr morgens aus dem Bett. Noch bevor ich Zähne putzte und meinen

Text probte (der zum Großteil aus »Ja, Walter« und »[lacht]« bestand), schaute ich mir einen TED-Talk von Amy Cuddy zum Thema Körpersprache an. Sie führte aus, wir könnten unseren Körper austricksen und uns selbstbewusst oder fröhlich fühlen, indem wir zum Beispiel zwei Minuten lang grinsend mit ausgestreckten Armen posierten wie ein Superheld.

So stand ich also frühmorgens mucksmäuschenstill vor meinem Spiegel, streckte meine Arme in die Höhe, grinste ausgelassener als eine dieser Frauen, die in der Werbung ihren Salat anstrahlen, und versuchte, meinem Körper einzureden, was absolut nicht stimmte: Ich bin fröhlich. Ich bin selbstbewusst. Ich bin bereit.

Mein erstes Treffen mit Walter war gleichermaßen nett wie supereigenartig – ähnlich wie die Besuche in der Seniorenresidenz meiner Großmutter. Er war wirklich sehr freundlich und zuvorkommend. Nach kurzer Zeit bat er mir das Du an und lachte sogar über meine Witze, die am frühen Morgen immer besonders schlecht sind. Dennoch legte er ein Charaktermerkmal an den Tag, das ich so nur von Schauspielern kenne: Er konnte einfach nicht aufhören, seinen Beruf beiläufig in sämtliche Unterhaltungen einzubinden. Egal, ob wir über das Wetter, Autos oder seltene Vogelarten sprachen, irgendwie schaffte er es immer, entweder seine eigene Schauspielerei oder aber seine berühmten Freunde zum Thema zu machen.

»Ah, die Sonne blendet mich ganz schön«, begann er zum Beispiel ein Gespräch. »Das erinnert mich an einen

Dreh, den ich 2006 mit meinem Kollegen Rudi Rolando in Deutschland hatte, bei dem die Sonne uns ebenfalls blendete. *Ich bin Schauspieler*, und meine Karriere begann an einem stürmischen Nachmittag im Jahre 1972 ...« Diese Eigenheit kam mir jedoch sogar gelegen, da ich einfach nur zuhören und meinen eigenen Small Talk auf ein Minimum beschränken konnte.

Der Dreh, der größtenteils in einem Auto stattfand, lief eigentlich ganz gut, bis zu dem Moment, in dem ich das Auto zerstörte. An diesem Tag lernte ich, dass Schauspielern zu zehn Prozent aus tatsächlicher Aktivität und zu 90 Prozent aus Warten auf neue Kameraeinstellungen, Licht und so weiter besteht. So hielt ich es in einer der vielen Drehpausen für eine gute Idee, die Lehne meines Beifahrersitzes mit einem automatischen Button nach hinten zu legen, um ein bisschen vor mich hin dösen zu können.

Das klappte sehr gut, bis zu dem Moment, in dem es weitergehen sollte und sich mein Sitz partout nicht mehr in die Ausgangsposition zurückbringen lassen wollte. Zu dritt schlugen Männer vom Produktionsteam darauf ein, doch der Sitz bewegte sich keinen Millimeter. »Vielleicht muss ich den restlichen Spot im Liegen filmen?«, schlug ich vor, doch mein Humor traf auf taube Ohren.

So mussten wir mehrere Stunden auf die Reparatur des Autos warten. Die gesamte Crew, einschließlich Walter, versicherte mir, dass dieses Debakel nicht meine Schuld war, doch sie konnten ja nicht ahnen, dass ich an diesem Morgen einen Vortrag zum Thema Körpersprache gesehen hatte und daher deuten konnte, dass sie mich alle gerne mitsamt dem Auto von einer Klippe gestoßen hätten.

Versteht mich nicht falsch: Ich fand Walters Desinteresse an meiner Person nicht weiter schlimm, da ich tatsächlich in etwa so spannend bin wie eine Moorwanderung. Doch unsere Beziehung sollte sich drastisch ändern, als wir eine Szene an einer Tankstelle filmten.

Für dieses Motiv war es notwendig, dass Walter mit dem Auto an eine Zapfsäule fuhr. Was auf dem Papier sehr simpel klingt, dauerte in der Realität über eine halbe Stunde, da es wichtig war, diese Fahrt richtig zu timen. Dies war für mich ein krasser Kontrast zur Produktion meiner YouTube-Videos, in der jeder Take, in dem nicht unabsichtlich Sabber aus meinem Mund trieft, ein grandioser Take der Spitzenklasse ist.

Nach gefühlten zehn Minuten voll diverser Annäherungen an die Zapfsäule meldete sich Walter zu Wort. »Ich weiß ja nicht, wie es dir geht, aber diese Frau da drüben stört mich wirklich sehr!«

Fragend ließ ich meinen Blick über das gesamte Gelände laufen, bis ich eine Frau erblickte, die mir zuvor nicht aufgefallen war. Ich nickte verständnisvoll. Sie hatte ihre Handykamera auf uns gerichtet.

»Es gibt nichts Schlimmeres als Set-Paparazzi«, wütete Walter weiter. »Sie steht da seit zehn Minuten und macht Fotos von uns, nur damit sie dann auf Facebook schreiben kann, dass sie uns gesehen hat.«

Abgesehen davon, wie aufgebracht Walter war,

schmeichelte es mir, dass er sagte, diese Frau würde Fotos von *uns* machen, als hätte ich neben Walter nicht in etwa so viel Star-Charakter wie die Zapfsäule.

Endlich mal ein Thema, zu dem ich etwas beitragen konnte. »Du hast recht, das ist schon sehr unhöflich!«, antwortete ich. »Passiert es dir oft, dass du fotografiert wirst, ohne gefragt zu werden?«

Das Schnauben, das er daraufhin von sich gab, deutete an, dass ich soeben die Büchse der Pandora geöffnet hatte, und Walter begann einen Redeschwall, wie ich ihn nur von Freunden kenne, wenn ich sie vorsichtig nach ihrem Auslandssemester frage. Mein Szenenpartner fing an, über negative Erfahrungen mit fotogierigen Menschen zu sprechen, und mir schien, als wäre es die erste authentische Unterhaltung, die wir an diesem Tag gehabt hatten. Nachdem er weiter Dampf abgelassen hatte, wandte Walter sich mir zu und fragte: »Wie ist es bei dir, passiert dir so was auch manchmal?«

Eine Frage zu meiner Person? Es musste mein Glückstag sein! Aufgeregt erzählte ich ihm von meinen Selfie-Jägern. Ich fühlte mich fantastisch! Durch meine Geschichte konnte ich Walter zeigen, dass wir zumindest eine klitzekleine Gemeinsamkeit hatten. Nach meiner Erzählung tauschten wir einen wissenden Blick aus, den ich als »Wir sollten von nun an nur noch als Schauspielduo auftreten, wie die Olsen-Zwillinge!« deutete, bevor sich Walter wieder der Fotografin widmete, die nach wie vor ihr Handy auf uns gerichtet hielt.

»Unfassbar!«, schnaubte mein neuer Freund. »Was

will sie denn noch? Bestimmt hat sie das Foto doch eh schon auf Facebook und Instagram gepostet!«, wütete er.

Ich muss gestehen, dass diese Frau mich nicht annähernd so sehr aufregte, stimmte Walter aber dennoch zu. »Vermutlich auch auf Twitter. *Und* Snapchat!«, legte ich nach, als wäre es mein Projekt, Walter zum Ausrasten zu bringen.

»Es reicht!« Wütend ließ er das Fenster hinunter und lehnte sich hinaus. »Set-Paparazzi sind wirklich störend! Keine Fotos bitte!!«, brüllte er. Die Augen aller Anwesenden waren weit aufgerissen, und die Frau ließ beschämt ihr Handy sinken. Der hatten wir es aber gegeben!

Als wir die Szene abgedreht hatten und aus dem Auto stiegen, meldete sich die Regisseurin zu Wort. »Walter, Michael: Ich möchte euch jemanden vorstellen!« Sie führte uns zu der vermeintlichen Paparazzo-Frau. Ihr Name war Birgit. Sie war kein verrückter Fan. Sie hatte vermutlich nicht mal einen Instagram-Account. Birgit arbeitete für die Autofirma, die den Spot in Auftrag gegeben hatte, und machte Fotos, um sie ihren Kollegen zu schicken. Im Grunde genommen war sie unsere Arbeitgeberin. Sie hatte nicht uns fotografiert, wie mir in diesem Moment klar wurde, sondern das Auto. Wir waren nur zwei Schauspieler mit viel zu großen Egos, die zufällig gerade darin saßen. Beschämt schüttelte ich ihre Hand, und Walter tat es mir gleich.

»Na, da haben wir aber ein ziemlich gutes Wetter für einen Außendreh erwischt. Sonnenschein!«, sagte mein

Kollege. Seine Stimme klang sehr beschwingt und selbstbewusst. Aber seine Körpersprache? Seine Körpersprache sagte mir, dass ihm die Situation ziemlich peinlich war.

Ihr merkt also: Ist man lange genug mit dem Selfie- und Fotowahn konfrontiert, wird man irgendwann ein paranoider, schrulliger Zeitgenosse, der annimmt, dass jeder, der ein Handy in der Hand hält, heimlich ein Foto von einem macht. Um zu verhindern, dass ich mich in ein paar Jahren in meiner Wohnung verschanze, einen Aluhut trage und nur noch in einer von mir selbst erfundenen Sprache kommuniziere, schlage ich also vor, dass wir alle ein bisschen höflicher und netter zueinander sind, den Moment genießen und erst im Anschluss an all diese Dinge ein gemeinsames Selfie machen.

Buchingers Goldene Regeln

Versetze dich in die Lage deines Gegenübers Würdest du es toll finden, wenn du im Zug einschläfst und jemand ein Foto von dir macht? Wenn nein, dann lass es bleiben. Wenn ja, dann würde ich dir dringend raten, auf irgendeine Weise prominent zu werden, und es wäre eine Win-win-Situation für alle Beteiligten.

Genieße den Moment Wenn ich Prominente treffe, mache ich selten Fotos mit ihnen. Stattdessen versuche ich, den Moment zu genießen. Das Fehlen von handfesten Beweisen wie Fotos oder Videos gibt mir zudem den Freiraum, später sehr viele Elemente meiner Begegnung in der Nacherzählung auszubauen. Die Aussage »Sarah Kuttner hat gesagt, dass ich gut rieche, und mich auf die Stirn geküsst!« mag zwar erfunden sein, wirkt aber viel besser als ein Selfie, auf dem ich besessen grinse und Sarah nach dem Sicherheitsdienst Ausschau hält.

Sei einfach nett Nettigkeit wird unterbewertet. Die Leute merken sich selten, was genau du zu ihnen gesagt hast, sondern vielmehr, wie sie sich in deiner Gegenwart gefühlt haben. Natürlich kannst du die Person sein, durch die sich andere wie eine Selfie-Requisite vorkommen, aber du könntest auch einfach nett sein.

Im Internet hilft nur Humor

Kommt es nur mir so vor, oder ist es sehr einfach, Menschen zu erzürnen? Dieser Tage reicht es schon, ein Bild in einem sommerlichen kimonoartigen Umhang auf Instagram zu posten, um von unzähligen Usern der »kulturellen Aneignung« beschuldigt zu werden. »Michael, ein Kimono ist eine traditionelle japanische Tracht, in der du nichts verloren hast!«, leiten sie ihre Tirade ein, die so lang ist, dass sie sich ohne Zweifel zwischen 14 und 15 Uhr 30 den Punkt »Michael Buchinger auf Instagram zur Schnecke machen!« in ihren Kalender eintragen mussten. Als hätte ich mir gedacht: Yes, heute eigne ich mir mal eine fremde Kultur an!, als ich den Kimono gekauft habe. Ich wusste ehrlich gesagt nicht mal, dass es ein Kimono ist! Ich fand einfach, dass er meine Problemzonen ziemlich gut kaschierte.

Die meiner Meinung nach witzigste und gleichzeitig allerschlimmste Webseite im Internet heißt *Your Fave Is Problematic* und listet die Verfehlungen von Prominenten auf. Ein typischer Eintrag auf dieser Seite: Die Komikerin Tina Fey wird gerügt, weil sie einen zeitweisen Mangel an Dates ihrer Dauerwelle und den ungezupften Augenbrauen zuschreibt. Eine Aussage, mit der sie sich meiner Meinung nach hauptsächlich über sich selbst lustig macht, der Webseite zufolge aber über alle Menschen mit Dauerwelle und wuchernden Augenbrauen.

Es scheint mir zwar besonders einfach, Leute im Internet in Rage zu versetzen, doch freudig darf ich euch berichten, dass es mir schon gelang, meine Mitmenschen mit Witzen zu verstoßen, lange bevor ich mich entschloss, das World Wide Web heimzusuchen.

In der Grundschule malte ich etwa zu Weihnachten eine Jesus-Karikatur, die die Heiligen Drei Könige als grantelnde alte Wiener zeigte, welche sich voneinander Zigaretten schnorrten und Dosenbier tranken. Meine Lehrerin war empört und zog mir die Ohren lang: »Michael, dass du dich immer über alles lustig machen musst!«, klagte sie, als hätte sie Angst, dass Gott mich für diese Karikatur jede Sekunde mit einem Blitzschlag bestrafen könnte. (Es kam viel schlimmer: Ich wurde YouTuber). Meine Eltern wiederum fanden die Zeichnung absolut köstlich und kriegten sich vor Lachen gar nicht mehr ein, also nahm ich mir die Kritik nicht wirklich zu Herzen.

Humor war schon immer meine liebste Strategie, weswegen ich mich eine Zeitlang wirklich über alles und jeden lustig machte. Als schwuler, zu dem Zeitpunkt magersüchtiger Außenseiter konnte ich oft nicht anders, als herzlich zu lachen, wenn ich beim Sport wieder mal als Letzter ins Team gewählt wurde. »Gute Wahl, Jungs, beim Rugby werde ich euch sicherlich von großer Hilfe sein!«, scherzte ich selbstironisch und ließ in der kommenden halben Stunde gerne Sprüche wie »Oh, wow, Peter, du bist sehr nett, aber ich mag dich nicht auf *diese* Art und Weise!« springen, wenn ich von einem verschwitzen, aggressiven Mitschüler zu Boden gerammt wurde. Alle fanden mich ganz fürchterlich, aber ich hatte meinen Spaß.

Ich sollte jedoch eine wichtige Lektion in Sachen Humor lernen, als ich im Teenager-Alter Mitglied des Jahrbuch-Teams an unserer Schule wurde. Mir und meinem damals besten Freund wurde das Verfassen der »Just for Fun!«-Kategorie zugeteilt, die in der Regel relativ schlechte Witze über Lehrkörper enthielt, wie etwa die Schlagzeile »Dürre: Bei Lehrer Bauer ernteten wir dieses Semester nur schlechte Noten!«. Obwohl wir uns am Anfang sehr zögerlich an dieses Projekt heranwagten, wurden wir schon bald äußerst machttrunken und zogen über unsere Lehrer her, als wären wir Waldorf und Statler, die Alten aus der *Muppet Show*.

Wir wurden auf den Boden der Tatsachen zurückgeholt, als das Jahrbuch erschien und wir umgehend ins Lehrerzimmer zitiert wurden. Unsere Witze, so wurde uns vom Direktor mitgeteilt, wären absolut geschmacklos, und er verdonnerte uns dazu, die Seiten der »Just for Fun!«-Rubrik händisch aus jedem einzelnen gedruckten Exemplar des Jahrbuchs zu entfernen. Im ersten Moment war ich verblüfft: Wie konnte das sein? Unsere Witze trafen doch den wahren Kern! »Ja, Michael«, gab der Schuldirektor schnippisch zurück, »aber es gibt

Witze, die nur okay sind, wenn man sie über sich selbst macht!«

Oprah würde so einen Moment wohl einen »Aha-Moment« nennen: Genauso wenig, wie ich es zu diesem Zeitpunkt mochte, von Mitschülern als schwuler, magersüchtiger Loser bezeichnet zu werden, obwohl ich mich selbst oft so betitelte, mochten andere Menschen es, wenn man ihre selbstironischen Witze gegen sie verwendete.

Am Folgetag schenkten wir allen Lehrern, die wir beleidigt hatten, Blumen. Ich habe noch nie so viel Geld für Blumen ausgegeben. Einige der Betroffenen weinten, als wir ihnen den Strauß überreichten; aber nicht aus Rührung über unsere Entschuldigung, wie sie uns prompt wissen ließen, sondern weil unsere Gags ihnen sehr wehgetan hatten. Ich war verblüfft: Mit ein paar im Spaß aufgeschriebenen Worten war es uns gelungen, erwachsene Menschen zum Weinen zu bringen.

Auf jeden Fall habe ich meine Lektion gelernt und meide es seitdem, öffentlich über eine bestimmte Person herzuziehen. Ironischerweise ist das eine Regel, die sich sonst niemand im Internet zu Herzen zu nehmen scheint, und ich werde regelmäßig mit Witzen über meine Sexualität, mein Aussehen und meine generelle Art konfrontiert.

Das stört mich nicht wirklich, allerdings finde ich es schon ein bisschen schade, dass ich mit meiner Laisser-faire-Einstellung gegenüber negativen Aussagen und Kritik oft sehr allein dastehe. Es scheint mir, als würde es Leute geben, die den ganzen Tag damit verbringen, das Internet nach eventuell »problematischen« und auch nur im Entferntesten gegen sie gerichteten Aussagen zu durchsuchen, als wären sie ein alter Professor, der bei flackerndem Kerzenlicht in seiner staubigen Bibliothek nach einem Heilmittel für die Pest sucht. Sie lieben es einfach, sich aufzuregen – und wenn diese Aussage von mir kommt, einem Jungen, der ein ganzes Buch damit füllt, sich zu beschweren, mag das schon etwas heißen.

Erst vor kurzem las ich einen Artikel, in dem die Autorin augenzwinkernd über ein Selbstexperiment schrieb. Sie versuchte, einen Monat lang vegan zu leben, und scheiterte kläglich. Obwohl sie damit niemanden außer sich selbst durch den Kakao zog, war der Text voll von übertriebenen Aussagen und Vergleichen über Veganismus, die offensichtlich nicht ernst gemeint waren. Doch was tut das Internet, wenn es so einem Text ausgesetzt wird? Denkt es sich: »Haha, ein paar Witze, die zwar nicht ganz meinem Humor entsprechen, aber da stehe ich heute einfach mal drüber«? Natürlich nicht. Es legt jedes Wort auf die Goldwaage und liest den Text so ernst, als handle es sich dabei um ein Gesetzbuch. Die Autorin hatte prompt einen Shitstorm am Hals und wurde von unzähligen Lesern beleidigt, deren Lebenselixier wohl »Dinge falsch verstehen und sich dann darüber aufregen« ist.

Natürlich kann man den Leuten nicht vorschreiben, was sie beleidigend finden dürfen und was nicht – diese Lektion habe ich schon in der Schule gelernt. Ich finde es nur schade, in Angriffsstellung durchs Leben zu gehen, wie eine tickende Zeitbombe, die nur darauf wartet, ein paar erzürnte Tweets verfassen zu können. Ich persönlich bin ein großer Fan davon, meine Energie nur in wirklich wichtige Dinge zu investieren und ein bisschen über mich selbst zu lachen. Ich würde es jedem von euch empfehlen – aber wer nimmt schon gerne den Rat eines schwulen, ehemals magersüchtigen Außenseiters an?

Buchingers Goldene Regeln

Wähle deine Schlachten weise aus Wenn ich wollte, könnte ich den ganzen Tag einen bösen Tweet nach dem nächsten rausfeuern. Stattdessen frage ich mich gerne: Wird mir das in einem Jahr noch wichtig sein?, gönne mir ein Glas Wein und lasse es dann (meistens) bleiben. Warum Energie verschwenden, wenn ich genauso gut die Choreographie von Michael Jacksons »Thriller« lernen kann?

Do it Michi-Style Ich wurde gut erzogen: Ich spreche ausschließlich hinter dem Rücken anderer und in kleinstem Rahmen negativ über sie. Tue ich es doch mal öffentlich, ändere ich ihre Namen und Charakteristika, so dass wir uns wenn möglich nicht vor Gericht wiedersehen, obwohl ich bereits genau weiß, was ich anziehen würde (wie ich euch freudig berichten darf, ist ein überdimensionaler Hut Teil meines Aufzugs).

Selbstironie hat noch niemandem geschadet Obwohl es nicht immer leicht ist, wäre das Miteinander um einiges angenehmer, wenn wir ab und zu alle ein bisschen über uns selbst lachen würden.

Hätte ich nur auf meine Eltern gehört – Die Abgründe des Online-Datings

Ähnlich wie die meisten der ästhetischen Modelfotos, die ich im Laufe der Jahre von mir anfertigen ließ, ist auch Online-Dating absolut angsteinflößend und wunderbar zugleich. Nie kann man sich sicher sein, ob hinter einer gepflegten Internet-Fassade und netten Worten der Traumpartner oder ein entflohener Massenmörder steckt. Wenn ihr mich fragt, ist genau das der Reiz von Online-Dating-Plattformen. Das ist die Art von russischem Roulette, die ich in meinem langweiligen, von öden Dingen wie Steuerausgleich und Abgabefristen geplagten Leben brauche. Doch meine Eltern haben mir immer davon abgeraten und mir informative Broschüren untergeschoben zum Thema »Online-Sicherheit« und »Netiquette: Freundlicher Umgang im Word Wide Web«.

Glaubt man ihnen, so ist das Internet äußerst dubios. Das wurde mir schon im Kindesalter vermittelt. Als ich noch klein war, erzählten meine Eltern oftmals von befreundeten Paaren, die sich online kennengelernt hätten, und ließen keinen Zweifel daran, dass es sich um eine sehr fragwürdige Art des Kennenlernens handelte. »Anton hat eine neue Freundin. Er kennt sie *aus dem Internet…*«, kündigten sie etwa an, in demselben missbilligenden Ton, den ich mir heute für zuckerfreie Torten oder Menschen, die gerne Zehenringe tragen, aufhebe.

Somit wusste ich schon von klein auf, dass es nicht optimal war, seine Liebhaber im World Wide Web zu finden. Zudem hatten mich meine Eltern meine ganze Kindheit lang gewarnt, dass das Internet voll von Lügnern sei, und diese These mit Schauergeschichten unterstrichen, die sie ohne Zweifel in einer Eltern-Fortbildung namens »Wie schaffe ich es, dass mein Kind paranoid wird?« gehört hatten.

So konnte sich eine Person, die online vorgab, ein 15-jähriger Junge auf der Suche nach Freunden zu sein, beim Treffen im Park als 54-jähriger Mann mit einem geräumigen Van entpuppen. Doch wie bei Alkohol und einem Leben als Künstler und Freigeist – weitere Dinge, von denen meine Eltern mich mit Hilfe ihrer Erzählungen abhalten wollten – war ich schon bald gewillt, Online-Dating um jeden Preis auszuprobieren.

Mit 15 war ich definitiv kein cooles Kind. Während andere Jugendliche bereits bis morgens um die Häuser zogen und man hinter vorgehaltener Hand über vereinzelte Teenager-Schwangerschaften munkelte, waren es vielmehr panische Google-Suchen der Sorte »Wann wächst mir Schambehaarung?«, die *mir* schlaflose Nächte bereiteten. Gleichaltrige merkten nach nur zwei gewechselten Worten mit mir, dass ich die Sorte Person war, für die eine »wilde Nacht« daraus bestand, nach 18 Uhr heimlich Coca-Cola zu trinken und meinen Eltern kein Sterbenswörtchen davon zu erzählen. Gezielt schlossen sie mich daher aus ihren Freundeskreisen aus – und wer konnte es ihnen verübeln?

Es war an einem meiner klassischen Samstage zu Hause, als mir in den Sinn kam, dass ich, wenn ich nicht eines Tages als Gast in einer Nachmittags-Talkshow zum Thema »40 und Jungfrau – na und?« enden wollte, vielleicht ein bisschen sozialer werden musste. Immerhin war ich zu diesem Zeitpunkt sexuell so unerfahren, dass ich nach der Sicherheitskontrolle am Flughafen eine »Zigarette danach« gebrauchen konnte.

Damals gab es noch keine Apps wie Grindr und Tinder, und als Landei hatte man wohl am ehesten eine Chance auf homosexuelle Kontakte, wenn man sich im nächsten Kino bei der 22-Uhr-30-Vorstellung von *Mamma Mia!* in die letzte Reihe setzte und während des Songs »Voulez-Vous?« lasziv um sich blickte.

Da ich über die Small-Talk-Skills einer schwerhörigen Rentnerin, die nur Ukrainisch spricht, verfügte, beschloss ich in einem Geniestreich (und wider den Rat meiner Eltern), meine Partnersuche einfach auf das Internet zu verlagern. Binnen kürzester Zeit hatte ich mich auf MySpace registriert und wurde gebeten, ein paar Infos über mich anzugeben, wie zum Beispiel meine Interessen und Hobbys. Ich blickte mich in meinem Zimmer um. *Mord ist ihr Hobby*, Coca-Cola und eine gesunde Darmflora?, überlegte ich kurz. Nein.

Ich würde im Internet wohl kaum Liebschaften finden, indem ich ehrlich war. Also beschloss ich, ausnahmsweise ein bisschen zu lügen. Immerhin bot mir diese Plattform die Freiheit, meine Persönlichkeit ungeprüft um einige attraktive Attribute zu erweitern, während negative Eigenschaften gekonnt unter den Teppich gekehrt werden.

»Partys, Kino und Konzerte« tippte ich also in das Interessensfeld ein und ließ dabei gänzlich unerwähnt, dass das einzige Konzert, das ich je besucht hatte, eines der Müllendorfer Blasmusikkapelle war, von dem ich früher nach Hause gehen musste, weil mir die Musik viel zu laut war und der Dirigent mir Angst einflößte.

Obwohl ich anfangs nur ein klein bisschen lügen wollte – eine »Lieblingsband«, von der ich kein einziges Lied kannte, hier, ein »Auslandsjahr in Edinburgh« da –, warf ich diesen Vorsatz bald über Bord und begann Tatsachen zu verdrehen, als wäre es 1998 und ich Bill Clinton. In meinem Profiltext beschrieb ich mich als coolen jungen Mann, der »lange Spaziergänge in der Natur« liebte, und schaffte es, in meiner Selbstbeschreibung meine beiden Lieblingsfilme *Sister Act* und *Sister Act 2 – In göttlicher Mission* mit keinem Wort zu erwähnen. Ein Triumph, wenn ihr mich fragt. Schließlich wählte ich noch ein Profilbild aus, auf dem jegliche Anzeichen eines Doppelkinns gekonnt hinter einer lässigen »Ich stütze mein Kinn auf meinem Handrücken ab, weil ich tiefgründig bin«-Pose versteckt blieb.

Als fulminanten Abschluss meiner Mission fügte ich

wahllos Leute als Freunde hinzu, die ich zwar nicht kannte, die meiner Meinung nach aber so aussahen, als würden sie auf meine kleine Scharade hereinfallen. Nach vollendeter Tat legte ich mich schließlich ins Bett und schlief zwölf Stunden durch. Wer hätte gedacht, dass Lügen so anstrengend ist?

Wenige Tage später begann ich schon meinen ersten MySpace-Flirt mit einem Jungen namens Tobias, der mich von Anfang an so mochte, wie ich vorgab, zu sein. Er stellte mir eine Frage nach der nächsten und war schon nach wenigen Nachrichten absolut dem Michi-Fieber verfallen. Ich war begeistert. Keiner von uns beiden fand es sonderlich komisch, dass wir einander nicht im realen Leben kannten, und schon bald tauschten wir nahezu täglich digitale Nachrichten aus.

Alles, was ich über ihn wusste, konnte ich herunter-rattern, als stünde morgen die mündliche Prüfung an: »Er hat struppiges, dunkelblondes Haar, stahlblaue Augen, ist 16 Jahre alt und lebt in Wien, wo er eine Kunstschule besucht. Seinen Kleidungsstil würde ich am ehesten‹ als ›modebewusster Obdachloser‹ oder ›Groß-vater fühlt sich funky‹ bezeichnen. In seiner Freizeit spielt er Piano und schreibt Songs.« Dieser letzte Punkt faszinierte mich besonders. Als ich ihn darum bat, schickte er mir ein paar selbstaufgenommene Songs, die allesamt merkwürdige Titel wie »(Un)Discovered« oder »KünstLEER« trugen. Sie bestanden überwiegend aus übertrieben tiefem Gesang mit klimperndem Klavier im Hintergrund, so als hätte man einen Wal, eine Katze und

190

ein Piano in einem Raum eingesperrt. Natürlich liebte ich jede einzelne Sekunde davon.

In meiner Unwissenheit konnte ich alles auf Tobias projizieren, und so artete meine Begeisterung für den mysteriösen Musiker in eine regelrechte Besessenheit aus. Das ist *so* Tobias!, dachte ich mir, wenn ich ein lässiges Outfit im Schaufenster eines Ladens sah (vermutlich »Fesche Mode für reife Herren«). War ich traurig, so hielt ich einen Moment inne, blickte in die Ferne und fragte mich: Was würde Tobias bloß tun? Vermutlich in seiner tiefen Stimme einen traurigen Song singen und dabei wahllos auf die Tasten eines Pianos hämmern!

Obwohl wir uns gut verstanden und ich kurz davor war, mir einen ulkigen Spitznamen wie etwa »Tooty« für meinen Schwarm auszudenken, schlug keiner von uns beiden je ein Treffen vor. Ähnlich wie die Lektüre von preisgekrönten Bestsellern, über die jeder spricht, schob ich auch das Treffen mit Tobias so lange auf, bis es sich unnatürlich und komisch anfühlte, es noch einmal zu erwähnen. Und spätestens, als MySpace von Facebook und anderen sozialen Netzwerken abgelöst wurde, geriet mein Online-Flirt mit Tobias so sehr in Vergessenheit wie Lindsay Lohans Musikkarriere. Obwohl mir beides früher ziemlich wichtig war, dachte ich nun nur noch äußerst selten daran. Zumindest bis zu einem verhängnisvollen Abend drei Jahre später.

Ich war 18 Jahre alt und fühlte mich ziemlich cool. Freudig kann ich berichten, dass ich mittlerweile regelmäßig auf Partys ging, doch ich musste schnell feststellen, dass sämtliche Events in meiner Region ähnlich spannend waren wie ein Wandertag in der Grundschule: Ich wurde schnell müde, musste ständig auf die Toilette und wollte schließlich, dass meine Mama mich abholte!

Also fing ich an, mit einigen Klassenkollegen Partys in Wien zu besuchen, was den enormen Vorteil hatte, dass niemand mich kannte und ich mir ulkige Codenamen wie »Henri de la Noir« geben konnte. An einem dieser Abende stand ich also relativ angetrunken mitten auf der Tanzfläche eines Wiener Clubs, als es passierte: Die Türen schwangen auf und hereinspaziert kam kein Geringerer als jener Tobias, der berüchtigte Künstler, der schneller aus meinem Gedächtnis verschwunden war, als Houdini aus einer Zwangsjacke.

Ich konnte es nicht fassen! Von all den Menschen, die man in einem Club treffen konnte, war es ausgerechnet Tobias, der mich in der Menge erspähte und sich mit einer Mischung aus purer Neugier und heikler Vorsicht in seinen Augen den Weg auf die Tanzfläche bahnte. Zumindest glaubte ich, dass er es war: Je näher er mir kam, desto weniger sah er aus wie auf den Fotos, die sich in mein Gehirn gebrannt hatten.

Wo ich einst » struppiges, dunkelblondes Haar« gesehen hatte, befand sich eine rote Mähne, wie ich sie nur von Bozo dem Clown kannte, und sein Kleidungsstil, den ich vor ein paar Jahren noch so charmant fand, ließ ihn nun wirken, als würde er hauptberuflich Voodo praktizieren. Als Tobias schließlich vor mir stand, war er auch nicht »groß und hager«, sondern ging mir bis zu den Augenbrauen. War es möglich? Hatte er in seinem Profil, so wie ich, ebenfalls ein bisschen gelogen? Rückten sich im Internet etwa *alle* Menschen in ein besseres Licht?

Ja, lieber jugendlicher Michael, du hast nicht das Rad erfunden: Authentische Selbstdarstellungen beim Online-Dating zu erwarten, ist in etwa so, als würde man zu McDonald's gehen und Filet Mignon bestellen.

Man sagt gerne: »Triff niemals deine Idole!« Ich würde das ausweiten auf: »Triff niemals deinen ersten Internet-Schwarm, besonders wenn eure Beziehung zu 75 Prozent auf Lügen basiert und ihr jahrelang keinen Kontakt hattet!« Angetrunken und zu den Klängen des viel zu lauten OutKast-Klassikers »Hey Ya!« führten wir die Sorte gezwungenen Small Talks, den ich mir sonst nur für meinen Urologen aufhebe.

Was als Nächstes passierte, ist vielleicht schwer nachzuvollziehen, aber ich möchte uns bitte allen wieder in Erinnerung rufen, dass es spät nachts und ich sehr betrunken war, da ich den Begriff »Happy Hour« als Herausforderung ansehe. Mit einer wütenden Leidenschaft, wie man sie sonst wohl nur aus spanischen Telenovelas kennt, riss ich Tobias an mich und küsste ihn.

Meine Logik zu dieser späten Stunde war wohl, dass ich meinen Internet-Flirt küssen musste, um einen Schlusspunkt unter unsere unvollendete Romanze zu setzen, ähnlich wie dieser Typ in *Herr der Ringe* (ein weiterer Bestseller, den ich nie gelesen habe) diesen verflixten Ring zerstören muss, um endlich wieder ruhig schlafen zu können. Ich weiß auch nicht, was ich mir davon erwartete. Vielleicht würde es Luftballons regnen und die No Angels würden auftauchen, um mir ein Diplom zum »erfolgreichen Abschluss der Pubertät« zu überreichen, so als wäre ich im letzten Level eines Computerspiels und Tobias mein Endgegner.

Doch obwohl unser Kuss so stürmisch angefangen hatte, erlosch die Leidenschaft schon nach wenigen Sekunden. Wir küssten uns nunmehr in etwa so wild, als wäre es ein nerviger Job, der uns von unseren Bewährungshelfern vermittelt worden war. Dieser Moment gab mir nicht die Erlösung, die ich mir erhofft hatte.

Ernüchtert sahen wir uns in die Augen. Das waren wir also: zwei Menschen, die sich in die Internet-Version des anderen verliebt hatten und jetzt versuchten, im Mund des Gegenübers das zu finden, was sie die ganze Zeit auf ihn projiziert hatten. Ich erinnere mich dunkel daran, meinem Kuss-Kumpan im nachfolgenden Small Talk etwas vage Beleidigendes wie »Ich fühle mich, als hätte ich gerade meinen Bruder geküsst« gesagt zu haben, bevor ich mich wieder zu meinen Freunden entschuldigte.

Man möchte meinen, meine erste Erfahrung mit Online-Dating hätte mich so sehr gebrandmarkt, dass ich nie wieder in diese Welt eintauchen wollte, doch da hätte man wohl die Rechnung ohne Michael »Unberechenbar« Buchinger gemacht. Ich hatte Blut geleckt und wollte mehr: Im Laufe der nächsten drei Jahre avancierte ich vom Social-Media-Freund zum Heavy User von handfesten Dating-Plattformen und verbrachte viele meiner Abende mit Menschen, die ihren Profilbildern nur ähnelten, wenn ich meine Augen wirklich fest zusammenkniff und im Vorfeld Jägermeister getrunken hatte. Ich datete muskulöse Männer, als würde ich mich für meine Teilnahme in einer Staffel von *Der Bachelor* vorbereiten, doch in Wahrheit war mir einfach nur ein bisschen langweilig.

Diese Zeit meines Lebens bestätigte meine Vermutung: Online-Dating ist absolut verrückt, und sehr viele Menschen, die darauf zurückgreifen, haben definitiv einen an der Waffel. Doch auf fünf verrückte Muttersöhnchen und verlogene Betrüger kommt meistens ein wirklich anständiger Mensch, der einfach nur nette Begegnungen sucht, und genau diese Tatsache macht Online-Dating zu diesem unberechenbaren russischen Roulette, das ich so witzig, fürchterlich und wunderbar zugleich finde.

Anders als ich es in meiner Kindheit vermittelt bekommen hatte, ist das Internet vielleicht nicht voll von perversen Männern, die sich als 15-Jährige ausgeben, aber es ist definitiv übersiedelt von normalen, durchschnittlichen Menschen, die sich als die schönsten, lustigsten, nicht-rothaarigen und doppelkinnfreien Versionen ihrer selbst ausgeben, was meiner Meinung nach mindestens genau so merkwürdig ist.

Es tut in jeder Zelle meines Körpers weh, diese Worte von mir zu geben, aber: Meine Eltern hatten recht!

Buchingers Goldene Regeln

Kritisch bleiben Anders als meine Eltern, die mir einreden wollten, dass alle Menschen im Internet nur hinter meiner Sozialversicherungsnummer her sind, möchte ich dir lediglich mit auf den Weg geben, dass man nicht alles im Internet für bare Münze nehmen darf. Kaum jemand erzählt Schlechtes über sich beim Online-Dating und wenn, dann ist es die Sorte »negative Eigenschaft«, die eigentlich verstecktes Prahlen ist: »Meine größte Macke ist, dass ich meinen Mitmenschen immer zu viel Liebe schenke!« Jep, das und deine Drogensucht.

Nichts überstürzen Es ist sehr einfach, sich Hals über Kopf in eine Person zu verlieben, über die man so gut wie nichts weiß. Man kann alles auf sie projizieren. So erkläre ich mir auch, warum mich viele Leute, die mich nur aus dem Internet kennen, gut finden: Sie kennen nur meine besten Seiten und wissen zum Beispiel nicht, wie ekelerregend ich aussehe, wenn ich einen Maiskolben esse.

Timing ist alles Bei Online-Kontakten gibt es ein gewisses Zeitfenster, innerhalb dessen man ein Treffen vorschlagen sollte. Nach einem Tag ist zu überstürzt und riecht für mich immer nach einem Mordversuch; nach zwei Monaten ist es wiederum ein bisschen zu spät und lässt mich vermuten, dass die Person erst abwarten muss, bis sie aus dem Gefängnis entlassen wird.

Warnsignale beim Online-Dating

Im Internet treiben viele merkwürdige Menschen ihr Unwesen. Bevor man sich zu einem romantischen Abendessen trifft, sollte man auf folgende Warnsignale beim Online-Flirt achten:

Das Date zeigt ungern sein Gesicht

Es ist nicht unüblich, dass Menschen beim Online-Dating nicht auf Anhieb ihr Gesicht präsentieren. Vermutlich haben sie Angst, von Freunden erkannt oder auf ihre unbeschreibliche Schönheit reduziert zu werden. Schlägt der Chat-Partner ein Treffen vor, rückt aber noch immer nicht mit seinem Gesicht heraus, ist da definitiv etwas faul. Entweder er hat bereits einen Partner, oder aber (noch schlimmer) es handelt sich um eine Person aus eurem näheren Umfeld. Einmal gab sich ein Typ auf einer Dating-Plattform sehr zögerlich mit dem Herzeigen von Fotos, was mich insgeheim vermuten ließ, dass es sich um einen absoluten Superstar wie etwa Sir Elton John handelte, der ausgerechnet in Wien eine kleine Affäre suchte. Nach zwei Wochen des Mailverkehrs schickte er mir ein Bild und erwies sich nicht etwa als britische Pop-Ikone, sondern als guter Freund von mir, der bestimmt zu viele romantische Komödien gesehen hatte und sich dachte, dass dieser ziemlich doofe Move cool wäre und ich ihm ebenfalls meine Zuneigung gestehen würde. Stattdessen fand ich es einfach merkwürdig, zwei Wochen lang hinters Licht geführt zu werden, und wir verschweigen diesen Vorfall seitdem, wie Gwyneth Paltrow vermutlich den sehr, sehr schlechten Film *Schwer verliebt* verschweigt.

Auffällige Schreibweisen

Grundsätzlich habe ich nichts gegen Menschen mit Rechtschreibschwäche. Was mich allerdings wirklich auf die Palme bringt, sind Leute, die zu oft sinnlose Chat-Kürzel verwenden. »Hey du – cooles Profil *gg* Hast ja viele tolle Bilder drin *frechgrins* xD Vielleicht könnten wir uns mal treffen? *liebschau*«.

Wenn eine Person schon bei der ersten Nachricht so unfassbar anstrengend ist, dann stellt euch mal vor, wie es ist, sich mit ihr zu treffen oder einen romantischen Wochenendausflug in eine Hütte im Wald zu unternehmen! Bestimmt grunzen diese Menschen beim Lachen und verwenden ständig wahnwitzige Phrasen wie »zum Bleistift«. Dafür habe ich nur ein *augenroll* und *zuvielalkoholtrink* übrig. Was mich noch viel mehr beunruhigt, ist die Tatsache, dass es offenbar Menschen gibt, die diese Art des Schreibens liebreizend finden und sich wohl denken: Wow! Er hat *liebschau* gesagt – diesen Hecht darf ich mir nicht durch die Lappen gehen lassen! Unfassbar.

Dein Gegenüber kennt nur ein Thema

Einmal hatte ich eine Verabredung mit einem Mann, der auf seinem Dating-Profil auffällig viele Bilder von sich selbst mit Hunden hatte und dezidiert erwähnte, dass er sehr offen für Partner mit Hunden sei. Okay, ich habe verstanden: Du liebst Hunde!, dachte ich mir. Ich machte mir eine mentale Notiz, ihm nie Bilder von diesem einen Halloween-Abend zu zeigen, an dem ich mich als Cruella De Vil aus *101 Dalmatiner* verkleidete, aber traf mich dennoch mit ihm. Ich hatte ja nicht ahnen können, dass mein Rendezvous beim Abendessen nur über ein Thema sprechen wollte. Grundsätzlich habe ich nichts gegen Hunde, aber nach dem dritten Monolog über eine bestimmte Hunderasse und der Aussage »Leider bin ich nicht in der Verfassung, einen Hund zu besitzen« beschloss ich, dass unsere Beziehung einzig und allein daran scheitern würde, dass ich kein Hund war.

Der »Ich habe Online-Dating eigentlich überhaupt nicht nötig«-Typ

Man stößt immer wieder auf Leute, deren oberste Priorität es ist, alle anderen wissen zu lassen, dass sie eigentlich *niemals im Leben* auf Online-Dating zurückgreifen würden, aber es dennoch tun, da man ja heutzutage wohl einfach nicht »drum rum« komme. Auch mit ihren Profilbildern möchten sie zwanghaft betonen, dass sie anders als alle anderen sind, und tragen daher Hüte oder stehen mit dem Rücken zur Kamera an einer Klippe, um anzudeuten, dass sie der nachdenkliche Typ sind. Gerne verwenden diese Menschen auch sinnlose Zitate wie »Not all who wander are lost …« oder dieses elendig lange »I saw the best minds of my generation destroyed by madness …«, so als würde es irgendjemandem imponieren, dass sie die Worte einer anderen Person verwenden, um sich selbst zu beschreiben. Ich muss euch enttäuschen: Erfahrungsgemäß entpuppen sich diese Menschen als relativ ungebildete Typen, die »Bruschetta« falsch aussprechen.

Immer online sein

Jede Dating-Plattform hat ihre Urgesteine, die einfach zu jeder Tages- und Nachtzeit online sind und sämtliche Neuankömmlinge Sekunden nach ihrer Registrierung sofort mit »Hey, wie geht's?« anschreiben. Solche Loser! Wer ist bloß um vier Uhr morgens auf einer Dating-Seite?, fragte ich mich oft, während ich um vier Uhr morgens auf einer Dating-Seite war. Diese Typen bilden das digitale Äquivalent zu Männern (oder Frauen), die spät nachts in Bars sitzen und sämtlichen Objekts ihrer Begierde starke alkoholische Drinks spendieren, während sie selbst lieber bei Coca-Cola bleiben, was natürlich absolut vertrauenswürdig und überhaupt nicht eigenartig wirkt. Klar ist es nicht weiter verwerflich, sich mit solchen Menschen zu treffen, aber es ist ein bisschen so, als würde man in eine extravagante Eisdiele gehen und sich nach langer und sorgfältiger Überlegung für zwei Kugeln Vanilleeis entscheiden. Klar, kann man machen. Aber warum sollte man?

O du schreckliche!
Michis Survival-Guide
für die Feiertage

Wie könnte es ein Buch geben über Dinge, die mich nerven, ohne ein eigenes Kapitel über Feiertage? Es würde sich vermutlich ähnlich unvollständig anfühlen wie dieses Requiem von Mozart, während dessen er (wenn ich das im Musikunterricht richtig verstanden habe) abrupt gestorben ist. Das wird hier nicht passieren! Ich fühle mich quicklebendig und werde – sollte ich nicht bei einer meiner zahlreichen Snack-Pausen während des Schreibens dieses Buches an Käsewürfeln ersticken – vermutlich nicht demnächst ableben.

Wie dem auch sei: Ich kann die meisten Feiertage nicht leiden; vor allem jene, deren eigentliche Bedeutung wir längst vergessen haben und die uns nur dazu dienen, uns ohne Rechtfertigungsdruck über die Maßen zu betrinken und sämtliche Fehltritte mit »Aber es war doch [beliebigen Feiertag einsetzen]!« zu entschuldigen. Zu diesen Feiertagen zählen unter anderem, aber nicht ausschließlich: Fasching, Silvester, Halloween, Ostern, der 1. Mai und der Valentinstag, welcher meiner Meinung nach ohnehin ein Tag ist, den sich funktionierende Alkoholiker ausgedacht haben, um unter dem Deckmantel der Romantik mal wieder so richtig auf die Kacke hauen zu können (das Gleiche gilt übrigens für Gay-Pride-Paraden und ähnliche »Demonstrationen«, die eigentlich mehr Party als Protest sind. Bitte erzählt mir doch mehr darüber, dass es eine »wichtige politische Veranstaltung« ist, während ihr kotzend auf dem Boden liegt und versucht, eure falschen Wimpern einzusammeln).

Natürlich trinke ich genauso gerne Alkohol wie jeder andere Mensch, der seine grauenvolle Schulzeit vergessen möchte, allerdings suche ich sehr selten nach einer Ausrede dafür. Ist mir danach, zwei Gläser »Frühstückswein« zu trinken (was, unter uns, ein von mir erfundener Drink ist), so tue ich es einfach. Oft scheint es mir, als würde der überwiegende Teil der Menschheit solch einen Tag brauchen, an dem es erlaubt ist, mal so richtig crazy zu sein. Selbst die gesittetsten meiner Freunde verlieren völlig die Beherrschung, sobald zum Beispiel ein Karnevalsumzug ansteht.

»Hey Michael, weißt du schon, welches Kostüm du tragen wirst, und soll ich Partyhüte für uns kaufen, und ach ja, welche Likör-Shots möchtest du gerne trinken?«, fragen sie aufgeregt, als würden sie gerade eine besonders teuflische Version von »Bingo« spielen, in der es das Ziel ist, so viele der Dinge, die ich hasse, wie nur möglich in einem Satz unterzubringen. Nicht mit mir! Ich habe aus meinen Fehlern gelernt.

Es fing harmlos an: Als Kind fand ich die meisten

Feiertage immer ganz toll – vermutlich, weil ich zu naiv war, um zu verstehen, dass viele von ihnen eigentlich nur als riesiges Besäufnis dienen. »Wow, heute war Frau Lehrer Knopp richtig gut drauf«, erzählte ich meiner Mutter etwa nach der Karnevalsfeier in der Grundschule. »Sie hat sehr viel Traubensaft getrunken – muss durstig gewesen sein! – und unserem Direktor die Zunge ins Ohr gesteckt!«

Sobald es für mich legal war, Alkohol zu trinken, tat ich es meinen Mitmenschen gleich und nutzte etwa den Faschingsdienstag dazu, schon vormittags den ersten Schnaps zu trinken. Im ersten Jahr verkleidete ich mich als verrückter Hutmacher aus *Alice im Wunderland* und trank Wein aus einer Teetasse. Im zweiten Jahr schlich ich mit einer Lupe in der Hand als Hobby-Spürnase Jessica Fletcher durch die Stadt. Im dritten Jahr verkleidete ich mich als Tine Wittler, kaufte mir den billigsten Wodka im Supermarkt und ertrank mir damit den längsten Filmriss meines Lebens. »Michael, was du mir da gestern Abend erzählt hast, war einfach unfassbar! Eine deiner Enthüllungen schockierte mich bis ins Knochenmark!«, erzählten mir meine Freunde am nächsten Tag, als würden sie eine Karriere als Texter von Clickbait-Schlagzeilen anstreben. Ich war verwirrt. Gestern Abend? Meiner Erinnerung nach zu urteilen war ich doch mit den Worten »Man soll aufhören, wenn es am schönsten ist!« bereits um 14 Uhr nach Hause gegangen.

Obwohl ich noch viele weitere fantastische Kostümideen parat gehabt hätte, beschloss ich nach meinem letzten Eklat, diese Besäufnisse einfach bleiben zu lassen und, wenn überhaupt, an solchen Feiertagen nur nüchtern teilzunehmen (was wiederum ein eigener Horror für sich ist). Mein erster nüchterner Karnevalsumzug verlief super – zumindest bis zum Einbruch der Dunkelheit. Wie von böser Geisterhand waren ab 18 Uhr plötzlich so gut wie alle Menschen in meinem Umfeld sturzbetrunken. Wurde eben noch über Politik diskutiert, wurden nun lautstark Parolen geträllert, peinliche Geheimnisse offenbart und Perücken achtlos durch die Gegend geworfen. Das ganze Fiasko war einer Geburtstagsfeier in der Seniorenresidenz meiner Großmutter wohl nicht unähnlich.

Deshalb habe ich beschlossen, gewisse Feiertage gänzlich zu ignorieren, indem ich einfach nicht das Haus verlasse und missbilligende Blicke aus dem Fenster auf all jene Leute werfe, die es wagen, Spaß zu haben. Allerdings gibt es, sehr zu meinem Missfallen, zwei große Feste, die ich einfach nicht ignorieren kann, und das sind, wie sollte es auch anders sein, Weihnachten und Silvester.

Grundsätzlich finde ich Weihnachten und die Traditionen, die es mit sich bringt, ja ganz toll. Obwohl ich keine religiöse Person bin und sogar vermute, dass ich in Flammen aufgehen könnte, wenn ich eine Kirche betrete, kann ich den Essen/Geschenke/Familie-Aspekt durchaus gutheißen und einen Bogen um Gebete und Weihrauch machen. Weihnachten wäre also ideal für mich, wäre ich nicht der einzige Mensch in meinem Umfeld, der diese Zeit toll findet.

»Michael, Weihnachten wird dieses Jahr ganz anders«, sagt immer mindestens ein Mitglied meiner Verwandtschaft zu mir, sobald der 1. Dezember um die Ecke rollt. »Weniger Geschenke, ein kleinerer Baum und nur das Notwendigste an Essen. Dieses Jahr feiern wir simpel!«, verkünden sie, als wäre Weihnachten in den Jahren zuvor nicht ebenfalls supersimpel gewesen.

Jahr für Jahr wird der Weihnachtsbaum kleiner, das Essen karger und die Verwandtschaftsbesuche kürzer. Bis ich 40 bin, treffen wir uns wahrscheinlich am 24. Dezember für 15 Minuten unter einem verkümmerten Mistelzweig und snacken feierlich an einer Tüte Chips. »Fröhliche Weihnachten und ein frohes neues Jahr!«, werden wir uns sagen und wieder getrennte Wege gehen, aber nicht, ohne uns vorher zu versprechen, dass Weihnachten nächstes Jahr *noch simpler* wird.

Dürftige Weihnachtsfeiertage könnte ich vielleicht sogar noch verkraften, wären sie nicht ach so dicht gefolgt von ihrem überbewerteten Verwandten, meinem absoluten Hass-Feiertag: Silvester. Vom unschuldigen Anfang bis zum bitteren Ende riecht dieser Tag mehr nach Enttäuschung als jedes Britney-Spears-Konzert. Das hat natürlich vor allem damit zu tun, dass die Silvesternacht von schrulligen Leuten, deren Lieblingsmusik mit Sicherheit »Radio« ist, schon vorab zur »geilsten Nacht des Jahres« erklärt wird und die Erwartungen somit unendlich hoch sind. Als ob das nicht schon schlimm genug wäre, muss man auch noch um Mitternacht jemanden küssen, um gut ins Jahr zu starten.

Je älter ich werde, desto mehr nervt mich dieser Tag. Besonders anstrengende Mitmenschen sprechen schon im September die erste Einladung aus. »Dieses Jahr feiern wir Silvester bei uns und werden all die Dinge tun, die wir lieben: Blei gießen, Pantomime spielen und Fische rückwärts essen. Das soll Glück bringen! Hihihi. Und da wir euch bereits jetzt fragen, könnt ihr den Termin sofort in eure Kalender eintragen und alle kommen! Wir freuen uns.«

Nun, ich freue mich nicht! Es tut mir leid, aber diese Einladung klingt schon jetzt viel zu sehr nach Geiselnahme. Lieber würde ich Silvester mit Donald Trump verbringen und ihm bis Mitternacht das Haar bürsten, als mit einer Gruppe erwachsener Menschen Pantomime zu spielen. Auch habe ich bereits letztes Jahr Fische rückwärts gegessen, doch es scheint mir kein Glück gebracht zu haben, sonst würde ich nicht bereits im September so eine beknackte Einladung erhalten.

Natürlich bin ich zu höflich, um diese Dinge genau so auszudrücken, und gebe stattdessen vor, noch anstrengendere Bekannte zu haben, die mich bereits im August auf ihre Sause eingeladen haben. Wieder einmal spinne ich ein verworrenes Lügennetz, nur um die Gefühle meiner Mitmenschen nicht zu verletzen.

Silvester bringt das Schlimmste in den Menschen hervor. Plötzlich schreiben sie dem Ende des Jahres unheimlich viel Gewicht zu, als würde es mehr bedeuten, als dass sie sich einen neuen Kalender kaufen müssen. Auf einmal wollen sie dich küssen, gestehen dir ihre schlimmsten Geheimnisse und verhalten sich generell so, als wären sie die letzten Passagiere auf der sinkenden Titanic.

Mein Move für nervige Feiertage klappt in diesem Fall übrigens überhaupt nicht: Silvester kann man einfach nicht ignorieren, ich habe es versucht. Vor ein paar Jahren habe ich mit meinem Freund beschlossen, den Jahreswechsel einfach gemütlich mit selbstgekochtem Essen und guten Filmen zu Hause zu verbringen. Obwohl es durchaus sehr nett war, fühlte ich mich trotzdem wie in *Das Fenster zum Hof*: ein kranker Mann, der den anderen dabei zuguckt, wie sie Spaß haben. Apropos: All meine Fenster sind tatsächlich entweder zum Hof oder so gerichtet, dass man nur ein kleines Stück des Himmels sehen kann, und waren Grund dafür, warum wir das Feuerwerk zwar hören konnten, uns aber *vorstellen* mussten, wie es wohl aussehen *könnte*. Spätestens in diesem Moment war die Entscheidung gefallen: Nächstes Jahr feiern wir wieder auswärts.

Ihr seht: Mit gewissen Feiertagen verhält es sich wie mit Diskussionen in den Kommentaren der Facebook-Seiten von Politikern – man kann einfach nicht gewinnen. Bin ich an Silvester und Co. live dabei, habe ich im Nachhinein ohne Zweifel entweder enttäuschte Erwartungen, Fremdscham für meine Mitmenschen oder einen Filmriss, was mir eigentlich wie die beste Option vorkommt. Entschließe ich mich aber dazu, an dem ganzen Rummel nicht teilzunehmen, und ziehe mich aus der

Öffentlichkeit zurück wie Doris Day in den frühen 90ern, habe ich wiederum das Gefühl, etwas zu verpassen.

Es bleibt mir wohl nichts anderes übrig, als die Feiertage einfach genervt über mich ergehen zu lassen und mir immer wieder dasselbe Mantra einzureden, um nicht langsam verrückt zu werden und wahllos Faustkämpfe anzufangen: Silvester, Karneval, Halloween – von nun an ganz simpel und einfach!, lüge ich mich hoffnungsvoll grinsend selbst an. Nächstes Jahr wird alles anders!, trällere ich immer und immer wieder, wie eine springende Schallplatte. Doch insgeheim weiß ich, dass, wie bei Feiertagen so üblich, nächstes Jahr mindestens alles wieder genauso schlimm wird. Na dann: Fröhliche Feiertage!

Buchingers Goldene Regeln

Nichts überstürzen! Für viele Menschen sind Feiertage das perfekte Ventil, um mal so richtig krass Party machen zu können. Ob es dein Körper so toll findet, wenn du plötzlich von »Braver Vorzeigebürger« auf »Lindsay Lohan im Jahr 2007« umschaltest? Mach es wie ich und verbiete dir auch im Alltag keine Genüsse – irgendwo ist immer Happy Hour! Sobald der nächste krasse Party-Feiertag kommt, wirst du dir denken: Meh, kenne ich schon! Ich bleibe lieber zu Hause und löse Sudoku!

Sei ehrlich! Wenn du dich schon betrinken willst, dann mach kein Geheimnis daraus. Ich werde dich in deinem Alkoholkonsum unterstützen wie ein stolzer Vater! Wenn ich noch einer Person dabei zuhören muss, wie sie mir erklärt, dass sie an Silvester »eigentlich nur einen Schluck Wein« trinken will, nur um sie dann um halb eins irgendwo im Eck liegend zu finden wie einen drei Tage alten Luftballon nach einer Party, drehe ich durch. Natürlich können Ausrutscher passieren, aber ich weiß in der Regel immer ganz genau, wann ich mich betrinken will und wann nicht. Sag mir rechtzeitig Bescheid, und ich stehe dir mit lustigen Trinkweisheiten und meinen Haare-halten-Diensten zur Seite.

Lass dich nicht nerven Gewisse Feiertage kann man, ähnlich wie gewisse Hautirritationen, auf Dauer einfach nicht ignorieren. Die Weihnachtszeit ist für mich mindestens 24 Tage lang und das einzige Fest, das ich nicht verachte, daher würde ich es ganz toll finden, wenn wir alle ein bisschen weniger genervt sein würden. In Zeiten des Weihnachtsstresses kann es helfen, sich den eigentlichen Sinn des magischsten aller Feste ins Gedächtnis zu rufen: Es war der Tag, an dem Baby Jesus all diese Geschenke von den drei fremden Männern bekommen hat. O du fröhliche!

Festivals sind
fürchterlich

Musikfestivals gehören offensichtlich auch zu jenen
Dingen, die alle außer mir absolut fantastisch finden.
Irgendwann in meinem Leben – ich vermute, es war in
jenem Sommer, als ich mir Doc Martens gekauft und
einen Rap-Song auf Facebook geteilt habe – haben meine Mitmenschen angefangen, mich als »cool« einzu-
stufen. Das ist leider ein gravierender Fehler: Ich bin
nicht cool, was sich vor allem dadurch äußert, dass ich
dachte, MDMA wäre eine Band, und vor jeder Party
Dinge wie »Small-Talk-Themen für Partys« google.

Jedenfalls werde ich aufgrund meiner vermeintlichen
Coolness jedes Jahr im Frühling gefragt, welche Festivals
ich denn diesen Sommer besuche, so als wäre ich für
meinen treffsicheren Festivalgeschmack bekannt. Meistens lache ich nervös und stammle Dinge wie »Weiß
nicht, ich bin da ganz spontan …«, bevor ich rückwärts
den Raum verlasse. Fühle ich mich besonders kühn, so
erfinde ich auch einfach Festivals, die hip klingen, wie
etwa »Syringe Sound« oder »Boom Boom Benny«, und
belasse es dabei.

Die Wahrheit ist natürlich, dass ich Festivals partout

nicht leiden kann. Das hat vor allem, aber nicht ausschließlich, mit der Hygienesituation zu tun. Warum sollte ich dafür bezahlen, auf einem schlammigen Platz zu zelten, mein Geschäft in Dixi-Klos zu verrichten und in einem »Waschraum« zu duschen, der aussieht wie die Location einer Prüfung bei *Ich bin ein Star – Holt mich hier raus!*? Davon abgesehen widmen sich die meisten Bands ihren Festival-Sets mit der gleichen Hingabe, mit der ich mich meinem Studium gewidmet habe: Sie sind körperlich anwesend, aber geistig ganz woanders und leisten nie mehr, als von ihnen verlangt wird.

Vor einigen Jahren wurde ich, gemeinsam mit ein paar anderen »Internet-Persönlichkeiten« eingeladen, auf einem bekannten Festival im exklusiven »Glamping«-Bereich (steht für »Glamour Camping«) zu übernachten, welcher – wie ich euch leider berichten muss – seinem Namen nicht gerecht wurde. Ich teilte mir eine klitzekleine Holzhütte mit einer wildfremden Bloggerin, die mich hasste, und wachte jeden Morgen neben einer verrückten neuen Tierart auf meinem Kopfkissen auf. Nach dem dritten Tag in meinem Supersize-Sarg war es selbst auf diesem »VIP-Gelände« äußerst schwierig, nicht in Kotze (oder »Glotze«: »Glamour-Kotze«!) zu treten.

Doch meine Abneigung gegen Festivals entstand deutlich früher. Abgesehen davon, dass ich noch nie als Liebhaber von Camping (oder allen anderen Dingen, die nur im Entferntesten mit Natur zu tun haben) galt, konnte ich die im Jahr 2010 beliebten Musikrichtungen Dubstep und Electro einfach nicht verstehen. »Wo bleibt die

Melodie?«, schrie ich gerne auf der Tanzfläche, während ich mit zum Himmel gerichteter Faust ravende Youngsters das Fürchten lehrte.

Ihr merkt: Schon damals war ich im Geiste 85 Jahre alt. Ein ideales Wochenende bestand für mich darin, im Bett einen spannenden Krimi zu lesen, Dörrpflaumen zu naschen und an meinem Zeigefinger zu lecken, bevor ich auf die nächste Seite umblätterte. Umso mehr überraschte es mich, als meine Schulfreundin Barbara mich auf ein Electro-Festival einlud. Prompt ließ ich sie wissen, dass dies nun wirklich nicht meine Musikrichtung sei, und fragte, ob es denn nicht auch so was wie ein Disco-Festival mit den Hits von ABBA und Diana Ross gäbe.

Barbara ignorierte meine Frage. »Es geht ja gar nicht so sehr um die Musik, Michi, sondern um das Festival-Feeling an sich. Man übernachtet gemeinsam im Freien und macht Party. Das ist witzig!«

Humbug! Ich hatte in meiner Jugend schon des Öfteren im Freien übernachtet (zugegeben, weil ich meinen Hausschlüssel vergessen hatte), und es war alles andere als witzig gewesen.

»Außerdem hat jeder eine kleine Festivalromanze!«, fuhr sie fort.

Dieser Aspekt klang schon reizvoller. Zu diesem Zeitpunkt hatte ich so wenig romantische Action, dass ich schon den Hochzeitsmarsch summte, wenn der Postbote mir »Schönen Tag noch!« wünschte. Kurzerhand willigte ich ein, meine Freundin zu begleiten.

Wörter der deutschen Sprache können nicht beschreiben, wie unangenehm ich meine erste Festivalerfahrung fand. Und dabei versuchte ich wirklich, es zu mögen. Dass ich Camping fürchterlich finde, setze ich mittlerweile als Allgemeinbildung voraus, also werde ich euch eine weitere Hasstirade gegen Zelte & Co. an dieser Stelle gerne ersparen. Abgesehen davon, dass mich die Hygienesituation noch Jahre später in Alpträumen verfolgen sollte, erwies sich auch die Behauptung »Jeder hat eine kleine Festivalromanze« als äußerst unwahr. Richtig wäre gewesen: »Jeder hat eine Romanze, außer Michael, der auf die Jacken und Taschen aufpasst, während die anderen ihre Romanzen haben.«

So beschloss ich, das Beste aus den gegebenen Umständen zu machen und mich bereits tagsüber zu betrinken, was auf Festivals überraschend einfach und gesellschaftlich akzeptiert ist. So fand ich einen Ausweg aus dieser riesigen Misere. Schlechte Musik? Ich sollte ein Bier trinken! Die Duschen sind ekelhaft? Ein Bier könnte nicht schaden! Ein Fremder hat in der Nacht gegen unser Zelt uriniert? Am besten spüle ich sämtliche Erinnerungen daran mit Bier weg! Barbara hatte recht: Jeder hat eine Festivalromanze – meine hieß »Bier«.

Am letzten Tag meines Festivalfiaskos konnte ich es nicht erwarten, wieder zu Hause in meinem eigenen Bett zu liegen. Ich befand mich gerade inmitten einer tosenden Menge und war betrunken genug, um Dubstep okay zu finden, als ein gutaussehender junger Mann direkt auf mich zusteuerte. Im Normalfall bedeutet dies, dass hinter mir eine ebenfalls gutaussehende Person steht, zu der er eigentlich hinwill, aber in diesem Fall blieb der Bursche vor mir stehen und sparte sich die Begrüßung, um gleich stürmische Küsse der Leidenschaft mit mir auszutauschen. HEUREKA! Endlich! Das musste die Romanze sein, die mir Barbara prophezeit hatte. Gerade noch rechtzeitig.

Nach einiger Zeit des von Bierküssen unterbrochenen Plauderns lehnte sich meine neue Bekanntschaft vor und flüsterte in mein Ohr: »Wollen wir vielleicht an einen ruhigeren Ort gehen?« In diesem Alter war ich zwar definitiv sehr flirttaub, doch meine Detektivfähigkeiten sagten mir, dass mein Gegenüber nicht an einen ruhigeren Ort gehen wollte, um mir »I Will Always Love You« vorzusingen. Bestimmt wollte er Sex!

Aber wo sollten wir denn bitte hingehen? In mein urinbesudeltes Zelt? In die ekelhaften Duschen? Oder einfach in den Supermarkt um die Ecke, wo zumindest die Feinkostabteilung halbwegs hygienisch wirkte? Ganz abgesehen davon, dass er mir vielleicht zuerst einen Drink hätte kaufen können, lag für mich allein in dieser Begegnung die eigentliche Essenz von Festivals, nämlich: Machen wir all das, was wir auch ganz zivilisiert zu Hause machen könnten, aber machen wir es stattdessen bei strömendem Regen in einem engen, unbequemen Zelt. Erst einige Nächte zuvor war mein Zelt beinahe zusammengebrochen, weil ich niesen musste; wenn man darin Sex hatte, würde es vermutlich Feuer fangen.

So lehnte ich dankend ab und ging an diesem Abend stattdessen früh schlafen. Ich träumte vom kommenden Morgen, an dem ich unter Missachtung aller Verkehrsregeln wieder in meine gänzlich urinfreie Wohnung fahren würde, wo mich ein menschenleeres, toastigwarmes Bett erwartete. In dieser Nacht erkannte ich, was mir am Campen am meisten gefiel: der Moment, wenn man das Zelt einpackte und nach Hause fuhr.

Obwohl ich meinen Mitmenschen regelmäßig und – wie manche meinen – viel zu oft von dieser Erfahrung erzähle und meine Conclusio, dass Festivals überflüssig sind, stets ein bisschen zu laut herausposaune, wird meine Äußerung gerne gänzlich ignoriert. Meine Freunde verhalten sich wie Kellner, denen ich sage, dass ich in meinem Gericht bitte keinen Koriander möchte, und die mir daraufhin einen Teller mit Koriander pur servieren: Sie halten es für schier unmöglich, dass es einen Mittzwanziger geben kann, der sich nicht gerne im Dreck suhlt und auf Duschen verzichtet, und laden mich Jahr für Jahr erneut auf Festivals ein.

Daher möchte ich es gerne noch einmal für alle klarstellen: Ich bin nicht cool. Ich war es nie und werde es nie sein. Diesen Rap-Song habe ich, wie ich euch leider gestehen muss, damals nur irrtümlich auf Facebook geteilt. Ich mag wirklich keine Festivals und würde mich sehr freuen, wenn ihr aufhört, mich zu fragen, welches ich dieses Jahr besuchen werde. Genießt ruhig eure wilden Camping-Eskapaden und erzählt mir im Anschluss gerne ausführlich davon, was ihr alles erlebt habt. Ich besuche währenddessen »Michis Festival der Snacks und Kriminalliteratur«. Es findet in meinem Bett statt und ist sehr, sehr cool.

Buchingers Goldene Regeln

Vergiss den Gruppenzwang! Nur weil viele Leute etwas toll finden, bedeutet das nicht, dass es auch wirklich toll ist. Viele dieser gehypten Dinge sind in Wahrheit sehr uncool, wie zum Beispiel Bubble Tea oder YouTuber. Wenn du etwas partout nicht magst, dann lass dich auch nicht dazu überreden. Ich habe nur fünf Festivals gebraucht, um diese Lektion zu lernen.

Glamour, Glamour, Glamour! Wer wirkliches »Glamping« erleben möchte, sollte auf den Camping-Teil verzichten und während des Festivals einfach in einem Hotel übernachten. Das beste Festival, auf dem ich je war, war das, von dem ich jeden Abend den Nachtzug nach Hause genommen habe, nur um am nächsten Tag wieder hinzufahren. Das gab mir auch die perfekte Ausrede, um früh zu gehen. »Nur zu gerne würde ich mir den Auftritt von Lady Bitch Ray ansehen, aber leider geht gleich mein Zug!«, sagte ich wie Aschenputtel, das kurz vor Mitternacht den Ball verlässt.

Festivals sind nur der Anfang. Folgende allseits beliebte Dinge finde ich auch ganz schrecklich:

Spieleabende

Sobald jemand bei einem gemütlichen Treffen unter
Freunden sagt: »So! Und jetzt wird gespielt!«, ist das
mein Signal, nach Hause zu gehen und mir neue
Freunde zu suchen. Meine Abneigung gegen Brettspiele jeglicher Art kommt nicht mal daher, dass ich
miserabel darin bin oder schlecht verlieren kann
(meistens gewinne ich sogar). Aber nichts sagt meiner
Meinung nach mehr »Die Luft aus unserer Freundschaft ist raus, und ich weiß nicht, worüber ich mit
dir noch reden soll!« als eine gemeinsame Runde
»Mensch ärgere Dich nicht«. Treffe ich mich mit
Freunden, so möchte ich mich doch mit ihnen über
aktuelle Themen austauschen, nach ihrem Privatleben
fragen oder (mein Favorit!) über andere Menschen
lästern. Sobald jemand aber ein Brettspiel auspackt,
drehen sich alle Unterhaltungen nur noch darum, ob
es denn »Baronin von Porz mit dem Dolch in der Bibliothek« war. Wen interessiert das? Wenn das so wei-
tergeht, müsst ihr bald den Tod von Michi Buchinger,
leblos unter einem Couchtisch voller Brettspiele auf-
gefunden, klären. Hier ein Hinweis: Die Todesursache
war Langeweile.

Männer-Sitcoms

Ich habe noch nie eine Folge *Two And A Half Men*, *The Big Bang Theory* oder *How I Met Your Mother* gesehen, und von mir aus kann das gerne so bleiben. Meine Mitmenschen reagieren auf diese Aussage immer völlig schockiert und erklären mir, dass mir viele gute Gags entgehen. Glaubt mir, sie entgehen mir nicht, egal, wie stark ich mich bemühe. Obwohl ich diese Serien nie gesehen habe, weiß ich bestens über Running Gags wie den »Cheerleader-Effekt« und anderen Nonsens Bescheid, weil die Leute aus irgendeinem Grund einfach nicht aufhören können, Sitcoms zu zitieren. Ich denke, was mich an diesen Serien insgeheim stört, ist die Tatsache, dass sie sehr männerdominiert wirken. Gebt mir eine starke Frauenfigur, die nicht ständig nur über Männer und Dates quasselt und viel zu attraktiv und normal ist, um mit dem schusseligen Kevin James verheiratet zu sein, und ich bin ganz dabei.

Gras

All die Male, die ich Gras geraucht habe, waren fürchterlich langweilig, und ich mochte es kein bisschen. Nicht nur fand ich den Geruch ekelhaft, ich wurde auch so langsam und beknackt, dass ich mir selbst irrsinnig auf die Nerven ging und immer die Augen verdrehte, wenn ich an einem Spiegel vorbeiging. Vor allem aber mag ich Cannabis-Konsum nicht, da ich

Angst habe, mich in einen dieser realitätsfernen Kiffer zu verwandeln. »Es macht überhaupt nicht abhängig! Ich kann jederzeit aufhören!«, sagen sie dir, während sie ihren dritten Joint des Tages rauchen, ein T-Shirt tragen, auf dem ein tanzendes Hanfblatt mit Sonnenbrille zu sehen ist, und drei Stunden lang *ausschließlich* über Marihuana reden wollen. Alles klar, Martin.

Gruppenchats

Wer kennt es nicht: Freunde erstellen einen Gruppenchat, um etwa ein Geburtstagsgeschenk zu planen, und, nachdem das Geschenk besorgt wurde und der Geburtstag vorüber ist, plaudern sie jedoch fröhlich weiter. »Wisst ihr was?«, verkünden sie eines Tages. »Weil wir hier so viel Spaß haben, ändere ich den Namen der Gruppe in ›Pussytalk Deluxe‹ und wir können fröhlich weiterplaudern!«

Spaß? Wann hatten wir je Spaß? Gruppenchats sind fürchterlich und führen dazu, dass mein Handy so oft vibriert, dass ich es als Massagegerät einsetzen könnte. Lasse ich den Nonsens-Talk auch nur fünf Minuten aus den Augen, entstehen in dieser Zeit ohne Zweifel zahlreiche »Insider« wie etwa der Ausruf »BADABONG!«, die ich einfach nicht verstehe, weil ich parallel ein analoges Leben führe. Steigt man aber aus dem Gruppenchat aus, kommt man sich sofort so vor wie das undankbare Mitglied einer Girlband, das frühzeitig aussteigt. Ich mag euch alle sehr gerne, aber eure Gruppenchats verwirren mich. (Badabong! *hihi*).

Buffets

Die Menschen lieben Buffets, und ich verstehe nicht, warum. Es war vielleicht anders, als ich ein Kind war, aber heutzutage finde ich es nicht mehr aufregend, mir mein Essen selbst zu holen, und werde gern bedient. Diese Situation wirft zudem einige Fragen auf: Gebe ich den Kellnern beim Bezahlen in einem Buffet-Restaurant Trinkgeld? Wenn ja: wofür? In zweiter Linie scheint »Buffet« nur ein Codewort für »Wir haben alle Speisen, aber keine von ihnen schmeckt sonderlich gut!« zu sein. Ich finde es immer dubios, wenn ein Restaurant zum Beispiel Pizza, Burger, Sushi, Mexikanisch und Regionales anbietet. Die meisten Buffets tun das und haben zusätzlich noch diesen prickelnden »Diese Speisen liegen schon den ganzen Abend hier und könnten dir eine Lebensmittelvergiftung bescheren!«-Spaßfaktor. »Aber Buffets sind günstig!«, argumentieren die Leute gerne, und ich verstehe nicht, warum sie so naiv sind: Du zahlst 9,99 Euro dafür, so viel essen zu können, wie du möchtest – bin ich der Einzige, für den dieses Angebot *zu gut* klingt, ohne einen riesigen Haken zu haben, wie zum Beispiel den, dass einer der »Sieben Schätze« ein abgefallener Fingernagel sein könnte?

Verrückte Events

Viele Leute bepieseln sich vor Vorfreude, wenn sie hören, dass in ihrer Stadt demnächst ulkige Events wie Silent Disco oder kommerzielle Kopien des indischen Holi-Fests anstehen. Seit wann müssen unsere Samstagabend-Aktivitäten so ausgefallen sein? Ich liebe es nach wie vor, mit Freunden in eine Bar oder einen Club zu gehen und einfach eine gute Zeit zu haben – ich brauche keine Attacken mit Pulverfarbe, während David Guetta läuft. Ich möchte nicht allzu krasse Behauptungen in den Raum werfen, aber mir fällt spontan keine Person ein, die etwa gerne und regelmäßig zu Events geht wie Schwarzlicht-Minigolf oder einer Rollschuh-Disco und über die ich nicht auch gleichzeitig sagen würde, dass sie absolut einen an der Waffel hat. Ich vermute einen starken Zusammenhang.

Snapchat

Ich weiß, ich weiß: Als »Social Influencer« sollte ich schon beim Klang des Wortes »Snapchat« zu sabbern beginnen. Obwohl ich es nett finde, zu sehen, was mysteriöse Prominente wie Eva Longoria und Lady Gaga an einem Sonntag so treiben, macht es mir absolut keinen Spaß, Inhalte für die App zu erstellen, da ich eine sehr langweilige Person bin. »Aber Michael! Für irgendjemanden bist *du* Lady Gaga!«, versuchen mir Social-Media-Experten gerne einzureden, aber machen wir uns nicht lächerlich: Ich hatte noch nie Brunch mit Sir Elton John, und würde ich Snapchat öfter nutzen, würden alle Menschen erkennen, dass der Kaiser keine Kleider hat und ich in etwa so einzigartig bin wie eine Verkehrsampel. Außerdem interessieren mich die Snapchat-Stories meiner Freunde nicht die Bohne: Worüber sollen wir noch reden, wenn ich sämtliche »Neuigkeiten« (wie diese spannende Pediküre) schon auf Snapchat gesehen habe?

Sommer

Ich mag den Sommer kein bisschen. Sobald die ersten warmen Sonnenstrahlen meine Nase kitzeln, verabschiede ich mich schneller in meine schattige, klimatisierte Wohnung als einer dieser glitzernden Vampire in *Twilight*. Die Hitze ist für mich unausstehlich, und ein weiterer unangenehmer Nebeneffekt der Sommermonate ist, dass alle Leute es plötzlich lieben, baden zu gehen. »Michael, kommst du wieder mit an den See?«, fragen sie mich unentwegt und lassen dabei völlig außer Acht, dass ich noch nie »mit am See« war, da ich stets den Besuch meiner frei erfundenen Tante Mitzi als Ausrede parat habe. Baden gehen ist für mich eine dicke, fette Zeitverschwendung. Wenn ich fünf Stunden irgendwo halbnackt herumliegen und mich danach sehr ekelhaft fühlen möchte, verabrede ich mich lieber über Tinder spontan zu einem »Filmabend«.

Trinkspiele

Wie gesagt mag ich keine Spieleabende, aber da ich oftmals Alkohol konsumiere, als wäre ich auf einem persönlichen Feldzug gegen meine Leber, nehmen meine Mitmenschen an, dass Trinkspiele die glorreiche Ausnahme bilden. Doch dem ist nicht so! Einerseits bin ich ein so geschickter Spieler, dass ich oft stundenlang ein beknacktes Spiel wie etwa »Trink-Uno« spielen kann, ohne ein einziges Mal trinken zu müssen, was wiederum dazu führt, dass ich absichtlich Fehler mache, um mich auch nur ansatzweise wieder daran zu erinnern, wie sich Spaß anfühlt. »WAS? Die Farbe war Rot und ich habe Grün gelegt? Typisch Michi. Da muss ich wohl trinken.« Andererseits bin ich ein erwachsener Mann und habe relativ wenige Hemmungen, besonders was Alkoholkonsum angeht. Wenn, dann dienen Trinkspiele dazu, um meine Trinkfreudigkeit ein wenig zu zügeln. »Leute, ich glaube, Michi ist schon wieder ein bisschen beschwipst. Spielen wir lieber eine Runde ›Trink-Poker‹, damit er wieder ausnüchtert!«, sagen meine Freunde hinter meinem Rücken bestimmt.

Wie ich versucht habe, ein positiverer Mensch zu sein, und im Krankenhaus gelandet bin

Wie ihr vielleicht mittlerweile wisst, liebe ich es, nein zu sagen. Negativität ist meine bevorzugte Lebenseinstellung. Meine Antwort auf die meisten Vorschläge und Einladungen ist entweder ein klares »Nein!« oder aber die Sorte von »Ja«, bei der die Leute wissen, dass ich es nicht ernst meine – vermutlich deswegen, weil ich gleich im Anschluss vehement meinen Kopf schüttle und mit den Lippen »Nein« forme.

»Michael, hast du Lust, spontan auf einen verrückten Spieleabend bei mir vorbeizukommen?«, fragte mich eine Freundin letztens am Telefon, und ich konnte mich gerade noch davon abhalten, wie eine wütende Katze in den Hörer zu fauchen. Wie selbst weniger aufmerksame Leser ahnen können, ist wohl das Einzige, was ich mir nerviger vorstelle als einen »verrückten Spieleabend«, Front-Row-Plätze bei einem David-Hasselhoff-Konzert. »Nein danke!«, sagte ich daher, eine Antwort, die meine Freundin nicht ganz akzeptieren wollte.

»Du bist immer so negativ!«, antwortete sie angepisst. »Lass dich doch nur *einmal* auf meine Vorschläge ein!«

Generell lege ich wenig Wert auf die Meinung von Menschen, für die eine Runde »Lotti Karotti« essentiell für einen »spaßigen Abend« ist, aber irgendwie hatte sie ja recht: Ich bin ein relativ negativer Mensch und selten offen für Neues. Aber was ist daran bitte so schlecht? Nach 24 Jahren auf dem Planeten Erde weiß ich nun mal, was ich mag und was ich nicht mag, und kann meine Meinung ehrlich äußern. Spieleabende fallen, nebenbei bemerkt, natürlich in letztere Kategorie.

»Nein« ist also definitiv mein Lieblingswort und wird freizügig von mir verwendet, sei es, um Samstagabende allein mit einem spannenden Krimi im Bett zu verbringen, oder einem gemeinsamen Urlaub mit meinem Studienkollegen, der denkt, dass wir viel besser miteinander befreundet sind, als es tatsächlich der Fall ist, zu entkommen.

»Nein« heißt »Nein«. »Nein.« Das ist ein vollständiger Satz und bedarf keiner weiteren Erklärung. »Nein« ist super.

Doch wie ihr merkt, wird mir meine Negativität oft vorgehalten. Ich konzentriere mich ständig auf Dinge und Verhaltensweisen, die mir nicht gefallen, und habe mittlerweile sogar ein ganzes Buch zu dem Thema geschrieben. Manchmal, in meinen dunkelsten Stunden, fragte ich mich tatsächlich, ob mein Leben anders verlaufen wäre, wenn ich einfach öfter »Ja!« zu neuen, angsteinflößenden und ungewohnten Erfahrungen gesagt hätte. Vielleicht wäre ich nicht so leicht genervt von meinen Mitmenschen, wenn mein eigenes Leben ein bisschen abwechslungsreicher wäre. Ich musste es herausfinden!

In einem waghalsigen Selbstexperiment beschloss ich also, eine Woche lang auf sämtliche Vorschläge meiner Freunde und Bekannten – egal, wie nervig sie auch waren – mit »Ja« zu antworten. Vermutlich würde ich schon bald mit meinem Studienkollegen in Teneriffa verweilen oder mehr Runden »Das verrückte Labyrinth« über mich ergehen lassen müssen, als ein einziger Mensch je ertragen sollte, aber womöglich hätte ich ja sogar Spaß dabei.

Tag 1

Schon am ersten Tag meines Experiments fällt mir das Ja-Sagen äußerst schwer – vor allem deswegen, weil ich aus Angst, etwas Unangenehmes tun zu müssen, kaum meine Wohnung verlasse. Zwar erwische ich mich dabei, wie ich überraschend positiv auf Clickbait-Headlines reagiere (»Möchtest du wissen, welche Promis elf Zehen haben?« – »Ja!!!«), doch das ist wohl kaum der Sinn der Sache.

Später, beim Abendessen mit meinen Freunden, weht schon ein ganz anderer Wind: Auf so gut wie alle Fragen des Kellners – wie etwa »Darf es noch ein Glas Wein sein?« oder »Möchten Sie unsere Crème Brûlée probieren?« – antworte ich mit einem schallenden »Ja!« und werfe meinen Freunden dabei kesse Blicke zu, in der Hoffnung, dass zumindest einer von ihnen meine neugewonnene joie de vivre bemerkt.

»Meine Güte, Michael, du lässt heute aber wirklich nichts aus!«, ist leider alles, was sie sagen, und ich fühle mich schlecht. Zugegeben: Wein und Desserts erweitern wohl kaum meinen Horizont, sondern maximal meinen Hosenbund, und ich schwöre daher, mir von nun an mehr Mühe zu geben, um neue Erfahrungen zu sammeln.

Lange muss ich nicht warten: Als ich wieder zu Hause angekommen bin, erreicht mich eine Mail vom Redakteur eines Radiosenders, der bereits am folgenden Tag eine einstündige Live-Sendung zum Thema Social Media machen will. Er fragt, ob ich spontan Lust hätte, sein Gast zu sein. Ich lese nur die Worte »Radio«, »Live« und »spontan« und kann mich vor Nervosität gerade noch davon abhalten, meine Crème Brûlée auf die Tastatur zu würgen.

Als Mensch, der schon Lampenfieber bekommt, wenn er nur eine größere Bestellung bei einem Pizza-Lieferservice aufgeben möchte, stelle ich es mir fürchterlich vor, live im Radio zu sprechen. Was, wenn ich unabsichtlich beim Lachen grunze und das ganze Land es hören kann? Egal! Mir wurde schon oft gesagt, dass ich ein »Gesicht fürs Radio« habe; »Ja, sehr gerne!«, lüge ich daher und schicke meine Antwortmail ab.

Tag 2

Auf meinem Weg zum Sender fühle ich mich ein bisschen wie vor einem Sex-Date: vorfreudig, ein bisschen skeptisch und bereit, fluchtartig wieder aus der Tür zu sprinten, sollte die Stimmung abrupt den Bach runtergehen.

Nachdem ich alle begrüßt habe, bringt man mir ein Glas Wasser, dessen Inhalt ich prompt ausschütte und damit nur knapp das Radiopult verfehle. Classic Michi-Move! Ich bin zwar kein Körpersprachenexperte, kann aber dennoch deuten, dass einige der anwesenden Personen im Raum mich am liebsten mit einem Mikrofon zu Tode prügeln wollen.

Doch abgesehen von diesem kleinen Fauxpas verläuft mein Auftritt überraschend reibungslos: Ich werfe mit kessen Sprüchen um mich und nehme Zuhöreranrufe entgegen, bei denen ich schallend lache und Dinge wie »Hahaha, Tamara, du bist mir ja ein wirkliches Original!« jauchze, obwohl Tamara gar nicht mal so witzig ist, und schaffe es, dabei kein einziges Mal ins Mikrofon zu grunzen. Der heutige Tag ist ein Triumph!

Tag 3

Beschwingt von meinem Radio-Erlebnis schlendere ich die Straße entlang, als ich plötzlich von einer Klemmbrettfrau aufgehalten werde. »Hast du kurz Zeit, um mit mir über den Regenwald zu sprechen?«, fragt sie auffällig heiter, so als hätte sie ein fürchterliches Geheimnis zu verbergen. Für gewöhnlich würde ich in so einer Situation auf einen Punkt in der Ferne deuten und dann in die entgegengesetzte Richtung laufen.

Doch heute nicht: »*Ja*, ich habe Zeit!«, sage ich wohl ein bisschen zu laut und lausche meinem Gegenüber angestrengt, während ich alle paar Sekunden nicke und leise »Mhm« sage, wie ein Roboter, der programmiert wurde, Menschen zu imitieren. Ich lasse mich auf ein Gespräch ein und ich finde es, um ehrlich zu sein, ziemlich interessant. »Also ... möchtest du einen Baum adoptieren?«, fragt mich meine neue Freundin am Ende ihres Redeschwalls.

Ich weiß, ich weiß: Eigentlich habe ich mir geschworen, auf alles »Ja!« zu sagen, aber wenn ich dieser Frau jetzt Geld gebe, könnte ich genauso gut Geld an den nigerianischen Prinzen überweisen, der mir vorhin wieder eine Mail mit einem sehr attraktiven Angebot geschrieben hat.

Also beschließe ich einfach, zumindest nicht »Nein!« zu sagen. »Alles zu seiner Zeit ...«, flüstere ich nahezu mysteriös und komme mir dabei vor wie die Großmutter in *Pocahontas*, die ironischerweise ein Baum ist. Langsam verlasse ich ihr Blickfeld und mache mich auf den Weg in meine Wohnung, wo mich eine SMS von meinem Freund erreicht.

»Lust, übermorgen zum Training zu gehen?«, fragt er mich. Ughhhh.

Mein Freund ist sehr sportlich. Mindestens dreimal in der Woche geht er um sieben Uhr morgens – eine Uhrzeit, zu der ich mich gerade in der Tiefschlafphase befinde und von Baklava träume – zum Crossfit. Seit Monaten fragt er mich, ob ich nicht einmal mitkommen möchte.

»*Ja*!«, antworte ich diesmal, während eine winzige Träne über meine Wange kullert.

Tag 4

Ich bin sehr unsportlich. Würde ich einen Einkauf in einem Sportladen tätigen, würde mich vermutlich meine Bank anrufen und nachfragen, ob meine Karte gestohlen wurde. Den heutigen Tag verbringe ich also weniger mit »Ja!«-Sagen und viel mehr damit, mir Ausreden für den kommenden Tag einfallen zu lassen.

»Weißt du, ich fühle mich nicht so gut! Vielleicht liegt das an der Crème Brûlée, die ich neulich gegessen habe!«, lüge ich. Mein Freund merkt, dass mir vor dem Crossfit graut, und versucht, mich zu besänftigen. »Keine Sorge, es ist ganz entspannt dort. Wir sind meistens nur zu viert mit unserem Trainer, und wenn jemand schlapp macht, wird er von den anderen angefeuert!«

Warum mein Freund glaubt, dass es mir bessergehen würde, wenn er meine persönliche Vorstellung der Hölle beschreibt, ist mir ein Rätsel. Ich bin die Sorte Mensch, die um Mitternacht joggen geht oder aber die Jalousien runterlässt und dann allein zu Hause Kim Kardashians *Fit in your Jeans by Friday*-DVD nachturnt, um von anderen Menschen nicht beim Sport beobachtet zu werden.

Tag 5

Um acht Uhr morgens (wir haben uns für das »späte« Training entschieden) betrete ich das Gym. Der Trainer begrüßt mich mit den Worten: »Du bist an einem schlechten Tag gekommen.«

No shit, Sherlock!, denke ich mir. Jeder Tag, der mit Sport beginnt, ist ein schlechter Tag!

»Heute machen wir nämlich keine unterschiedlichen Übungen, sondern nur 1000 Kettlebell-Swings«, erklärt er mir. Kettlebells sind schwere Kugelhanteln, die ohne Zweifel von der Mafia verwendet werden, um Petzen im Ozean zu ertränken. Bei Kettlebell-Swings schwingt man diese Kugel zwischen seinen Beinen vor und zurück. In anderen Worten: Fun, fun, FUN!

»Denkst du, du schaffst das?«, fragt er mich netterweise.

»Ja!«, sage ich, mittlerweile wie ein Pawlow'scher Hund, und lege, gemeinsam mit meinen drei Trainingskollegen, einfach los.

Schon nach 100 Swings schwitze ich wie eine Hure in der Kirche und nach 200 weiteren fließt Blut: Durch die

Reibung des Stahlgriffes werden meine Handflächen in Mitleidenschaft gezogen. Meine Hände sehen so aus, als hätte ich einen geheimen Handschlag mit Captain Hook ausgetauscht.

»Wie viele Swings hast du schon, Michael?«, fragt mich der Trainer nach 30 Minuten.

»600!«, keuche ich.

»Okay, du kannst aufhören. Du schwitzt ohnehin schon mehr, als du solltest.«

Wenn dir ein Trainer sagt, dass du aufhören sollst zu trainieren, weil du zu viel schwitzt, weißt du, dass du eine echte Sportskanone bist.

Tag 6

Wieder einmal verlasse ich kaum meine Wohnung; diesmal aber, weil es wehtut, aufrecht zu gehen. Selbst die Klemmbrettfrau, die mich vor einigen Tagen noch belagert hat, sieht mich nur mitleidig an, als ich schmerzgekrümmt an ihr vorbeikrieche. Wo ist denn bloß seine joie de vivre hin, die vor einigen Tagen noch sein Leben regierte?, fragt sie sich womöglich. Bestimmt weiß sie, dass ich heute drei Minuten gebraucht habe, um meine Unterhose anzuziehen.

Beim Mittagessen in einem Restaurant verdrücke ich mich auf die Toilette – eine Reise, die sich ob meines Muskelkaters wie der Jakobsweg anfühlt – und stelle fest, dass (Achtung, TMI!) mein Urin eine Farbe hat, die Urin niemals im Leben haben sollte. Besorgt humple ich zu meiner Hausärztin und lasse mein Blut untersuchen.

»Du hast eine Rhabdomyolyse«, erklärt sie mir ähnlich fürsorglich wie *Dr. Quinn – Ärztin aus Leidenschaft*, als die Ergebnisse meiner Blutuntersuchung da sind. »Das heißt, dass sich deine Muskelfasern auflösen. Was hast du bloß angestellt?«

»Ich habe eine Schnupperstunde beim Crossfit gemacht«, sage ich. Das Gesicht meiner Ärztin sieht so aus, als müsse sie sich sehr bemühen, nicht zu lachen.

Sie rät mir, sofort ein Krankenhaus aufzusuchen, um mir die Nacht über Infusionen gegen irgendeinen erhöhten Wert zu holen.

»Ja!«, sage ich zu enthusiastisch und komme mir ein bisschen dumm dabei vor. »Ja«-Sagen entpuppt sich schön langsam als dümmste Entscheidung seit langem (und dabei habe ich erst vor kurzem Crocs mit flauschigem Innenfutter gekauft).

Während ich also die Nacht in einem kühlen, stillen Krankenzimmer verbringe, in dem mich nur das Ticken der Uhr und das Tropfgeräusch meiner Infusionen wachhält, frage ich mich, ob das wirklich die Art von »neuer Erfahrung außerhalb meiner Komfortzone« ist, die ich sammeln wollte. Eigentlich hatte ich eher an Dinge wie »eine Verkostung exotischer Käsesorten« oder »süße Tiere im Streichelzoo streicheln« gedacht.

Tag 7

Mir wird mitgeteilt, dass ich aufgrund verbesserter Blutwerte wieder nach Hause gehen darf. Für einen kurzen Moment überlege ich, eine herzergreifende Version des Songs »Thank You« von Dido für die Stationsärzte zu singen, doch entscheide mich kurzerhand dagegen.

Während meines turbulenten Tags gestern habe ich völlig vergessen, meine Nachrichten zu checken, und hole dies in der Lobby des Krankenhauses nach. Neben dem üblichen Spam findet sich auch eine Nachricht von meiner Freundin, die Spieleabende so sehr liebt.

»Hast du Lust, mich zu einem Ukulele-Konzert zu begleiten?«, möchte sie diesmal wissen, und langsam frage ich mich, ob sie einen Newsletter namens »100 fürchterliche Dinge, die man gemeinsam unternehmen kann« abonniert hat. Wie sind wir eigentlich Freunde geworden?

Reflexartig stehe ich kurz davor, mit »Ja« zu antworten, doch dann halte ich einen Moment inne und reflektiere die letzte Woche. Ich denke an das intime Gespräch mit der Urwaldfrau, die Kettlebell-Swings aus der Hölle und nicht zuletzt meinen katastrophalen Krankenhausaufenthalt.

»Nein, danke!«, tippe ich dann, und fühle mich dabei, als könnte ich endlich wieder so richtig durchatmen oder würde nach einem langen Festival wieder in meinem eigenen Bett schlafen. Mit einem zufriedenen Lächeln drücke ich »Senden«, humple aus dem Krankenhaus, und lasse die positive Lebenseinstellung der vergangenen Woche ein für alle Mal dort zurück.

Ihr seht also: Mein Experiment hat mir absolut nichts gebracht, außer vielleicht die Bestätigung, dass Morgensport und eine positive Einstellung wirklich nur etwas für leichtsinnige Menschen sind, die gerne frühzeitig sterben wollen – eine Tatsache, die ich schon als Kind während jenes verhängnisvollen Selbstverteidigungskurses erkannt habe. Schon damals beschloss ich, sarkastisch und immer mit gemeinen Sprüchen sowie einem flotten »Nein« auf meinen Lippen durchs Leben zu gehen. Ich denke, es war irgendwann zwischen meinen blutenden Händen und der schlaflosen Nacht im Krankenhaus, als ich beschloss: Ich werde auch in nächster Zeit bestimmt nicht damit aufhören.

Buchingers Goldene Regeln

Höre auf deinen Körper Es ist faszinierend, was mir allein in dieser einen Woche von meinem Körper kommuniziert wurde: blutende Hände und literweise Schweiß? Michael, hör besser auf, zu trainieren. Whiskeyfarbener Urin? Du hast es übertrieben, Michi! Tagelanger Muskelkater, der einfache Tätigkeiten wie Schnürsenkel binden zu wahren Herausforderungen macht? Hättest du doch einfach NEIN gesagt!

Sei du selbst Es ist ein wiederkehrendes Motiv in meinem Leben, dass sämtliche Versuche, mich selbst zu verbessern, völlig nach hinten losgehen und ich ein noch viel schlimmeres Monster werde, als ich es ohnehin schon bin. Daher tue ich mir und meinen Mitmenschen einen Gefallen und bleibe einfach so, wie ich bin.

Mach, was du willst Im Grunde genommen können wir alle machen, was wir wollen – es ist ein freies Land! Doch für mich bedeutet Freiheit nicht, mit meinen lebensmüden Freunden eine Wildwasser-Raftingtour zu unternehmen; Freiheit ist, dankend abzulehnen und stattdessen den ganzen Tag bei Speis, Trank und Trash-TV im Bett zu verbringen.

Danksagung

Nachdem ich nun ein ganzes Buch mit Dingen und Leuten, die ich einfach nicht leiden kann, gefüllt habe, ist es an der Zeit, mich bei einigen Menschen zu bedanken, die ich zur Abwechslung mal absolut super finde.

Ein großer Dank geht an Katrin Bojarzin, die geduldig und sehr beruhigend meine oftmals panischen Mails beantwortet und mir beim Schreiben dieses Buches zur Seite gestanden hat.

Bei Marieke Schönian bedanke ich mich für die netten ersten Monate des Lektorats und die zündende Idee von »Buchingers Goldene Regeln«, die ich nun mit Vorliebe und ohne Unterlass meinen Freunden vortrage, als wären sie die Zehn Gebote.

Danke vor allem auch an Dominik, der meine ständig schwankende Laune während des Schreibens nicht nur geduldet, sondern oft auch mit Snacks aufgebessert und immer gelacht hat, wenn ich einzelne Passagen vorgelesen habe. Das ist pure Romantik!

Ein herzlicher Dank geht an meine Familie, die nicht nur meinen Humor geprägt hat, sondern die es auch nicht stört, wenn ich in diesem Buch freizügig über sie erzähle (hoffentlich – hab vergessen zu fragen!).

Alle meine engen Freunde und guten Bekannten, die über die letzten Monate nicht nur die Absage »Ich kann nicht, ich werde heute schreiben!«, sondern auch all die erfundenen Namen, die ich ihnen in diesem Buch gegeben habe, akzeptiert haben, sollen sich an dieser Stelle von mir gedrückt fühlen.

Zu guter Letzt möchte ich mich auch bei meiner Online-Community für ihre langjährige Unterstützung bedanken, ohne die ich mich wahrscheinlich nicht mehr ins Internet trauen würde. Ich hasse vieles, euch aber nicht, und hoffe, ich kann euch eines Tages alle im realen Leben treffen und mit euch gemeinsam lästern.